インボイスの基本から
「2割特例」の要件、申告まで

これなら
わかる！

個人事業・フリーランスの消費税

税理士・社会保険労務士
望月重樹
Mochizuki Shigeki

日本実業出版社

はじめに〜消費税は預かり金である！〜

「令和5年10月1日とされているインボイス制度のスタート時期がもしかしたら延期されるのでは…」という噂もありましたが、予定どおりインボイス制度が導入されることとなりました。

インボイス制度の正式名称は「適格請求書等保存方式」ですが、一般的に使われている「インボイス制度」を本書でも使用します。

インボイス制度というのは、
- 私は消費税を納める登録事業者ですよ
- この取引では、「本体価格○○円、消費税率○％ 、消費税○○円」ですよ

ということを、取引先にきちんと伝える制度です。

いままでは、代金支払の際に消費税分を請求されたとき、その消費税分を取引先が納税しているかについて知る必要がありませんでした。

インボイス制度の開始により、消費税を納める適格請求書発行事業者（以下、「インボイス発行事業者」といいます）と、そうでない人とが明確に区分されることになりました。これにより、多大な負担を強いられるのが、いままで消費税を申告・納税してこなかった個人事業・フリーランスです。

具体的な負担として挙げられるのが、以下の5つです。
- インボイス対応をするための時間的な負担
- インボイスに対応したシステム等を導入するための資金的な負担
- 取引先との価格の交渉を余儀なくされる精神的な負担
- 消費税を申告するための事務的な負担
- 実際に消費税を納税するためのお金の負担

インボイス発行事業者になると、毎年2月から3月の所得税の確定申

1

告書の作成・提出に合わせて、消費税の確定申告書の作成・提出も行うことになります。そして、事業を継続していく限り、ずっと消費税の申告・納税が必要になります。消費税の基本的なしくみを理解したうえで、納得しながら消費税の申告・納税を毎年繰り返していかないと、もやもやした気分のままでの申告・納税を長年にわたって余儀なくされることになります。

　納得しながら消費税を認識することで、「意識すべきは税抜金額であって、消費税は単なる預かり金である」ということを体感することができます。

　本書は、もともと消費税を納める必要がなく、インボイス制度の導入に伴って「仕方なく消費税を納める」ことを選択した個人事業・フリーランスをターゲットとしています。

　インボイス制度導入にあたって時限的につくられた「2割特例」はもちろん、もともとある制度ですが届出書を提出しないと使うことのできない「簡易課税制度」、そして、これらの制度をどう選択していけばよいかについて具体的に紹介しました。なお、消費税法では簡易課税制度が正式な表記ですが、わかりやすくするために本書では誤解を招かない範囲で「簡易課税」という表現を使いました。

　本書が、「イヤイヤ消費税を納める」のでなく、「納得しながら消費税を納める」個人事業・フリーランスの方の成長に少しでも資することができたら幸いです。

令和5年7月

税理士・社会保険労務士　望月 重樹

本書の内容は、令和5年（2023年）7月1日現在の法令等に基づきます。確定申告に関係する様式類は同日までに官報に掲載された情報と国税庁のホームページを参考に作成しています。

これならわかる！ 個人事業・フリーランスの消費税 ● 目次

第3章 インボイスに登録すべきか

カバーデザイン／坂井正規
カバーイラスト／iStock.com/hisa nishiya
本文ＤＴＰ／一企画
本文イラスト／吉田一裕

【消費税の計算方法のフローチャート】

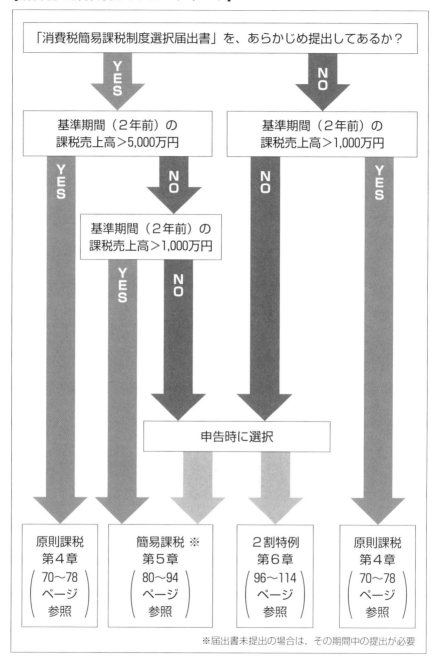

「消費税簡易課税制度選択届出書」を、あらかじめ提出してあるか？

YES

NO

基準期間（2年前）の
課税売上高＞5,000万円

基準期間（2年前）の
課税売上高＞1,000万円

YES

NO

NO

YES

基準期間（2年前）の
課税売上高＞1,000万円

YES

NO

申告時に選択

| 原則課税
第4章
（70〜78
ページ
参照） | 簡易課税 ※
第5章
（80〜94
ページ
参照） | 2割特例
第6章
（96〜114
ページ
参照） | 原則課税
第4章
（70〜78
ページ
参照） |

※届出書未提出の場合は、その期間中の提出が必要

第 **1** 章

インボイス制度とはどんなもの？

Q 「インボイス発行事業者の登録をしないなら、その分、値引き！」
A 「ガーン。それじゃあ、やっていけません」
Q 「インボイス発行事業者の登録をしないなら、うちが損しちゃうから、
　　もう君には仕事をやらないよっ」
A 「そんな〜…いままで頑張って期待に応えてきたのに」

インボイス制度の影響

インボイス制度はどんなもので、どんな影響があると考えられているの?

●インボイス制度とはどんなものなのか

インボイス制度を一文で説明すると、次のような感じになります。

> 「消費税を適正に納税します」と宣言した事業者が、代金の内訳を明確に記載した証拠書類（インボイス）を発行し、そのインボイスを受け取った事業者が、そのインボイスに書かれた消費税の金額のみを、消費税申告の際に控除して納税することができる制度です。

この文章のポイントは2つあります。
①「消費税を適正に納税します」と宣言することが求められること
②インボイスに書かれた消費税の金額のみを、消費税の申告において控除することができること

「消費税を適正に納税します」と宣言することなど、いままではできませんでした。「私は消費税を納めています」と言ったところで、何の信ぴょう性もありませんでした。それが、インボイス制度の導入により、消費税を適正に納税すると宣言した事業者かどうかが暴かれるようになってしまったのです。

●消費税を納めなくてよかった事業者が困っている

消費税を適正に納税すると宣言したといっても、きちんと納税しているかどうか、滞納していないかを判断することはできません。ですが、少なくとも、宣言しているかどうかを客観的に判断できるようになりました。

これによって、いままで消費税相当額を受け取りながら、消費税を納めなくてよかった事業者が一番困ることになったのです。消費税を納め

たくても、あとで説明する課税事業者となったうえで納税義務を負わなければ、国は受け取ってはくれません。言い換えると、堂々と消費税を納めなくてよかったのです。

〈いままで〉
「消費税を納めたいのだけど、納税義務がないから納められない。仕方ない…その分もらっておこう♬」

それが、インボイス制度導入によって劇的に変わってしまう恐れがあるのです。具体的には、消費税の納税義務のない事業者に、次の2つの選択肢が現れます。

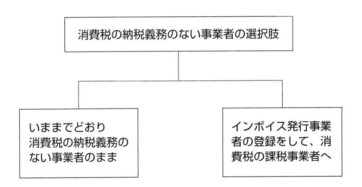

この2つの選択肢の中で、左側の「いままでどおり消費税の納税義務のない事業者のまま」を選択したときに、次の2つの災難が降りかかってくる恐れがあります。

〈インボイス制度導入後の世界〉
①消費税の納税義務のない個人事業・フリーランスに対して、消費税相当額が支払われない ⇒ 実質的な値引要求
②消費税の納税義務のない事業者に代金を支払うと、支払側が損するらしいから、仕事の発注を他にまわす ⇒ 仕事の激減

右図のように、本体価格に消費税を上乗せした金額を記載した請求書を発行した個人事業・フリーランスが消費税の納税義務がない人であると判明した場合、この請求書を受け取った側はどういう印象を受けるでしょうか。

御請求書	
本体価格	100,000
消費税	10,000
合　計	110,000

請求書を受け取った側の想定される思考パターン①

消費税分を支払ったとしても、あなたは消費税の納税をしない。

⇒そもそも消費税分を請求されるのはおかしい

⇒消費税分を支払う必要ない

⇒実質的な値引要求！

請求書を受け取った側の想定される思考パターン②

先のような請求書に対して、請求書通りの金額を支払った場合、何か不利なことが起こるという噂を聞いている。

⇒そもそも消費税の納税義務のある人に仕事を発注すれば、何も気にすることがない

⇒納税義務のない人に仕事を発注していてよいのだろうか

⇒発注先の選定から考え直すべきでは

⇒納税義務のない人に発注する仕事が激減

② インボイスと呼ばれる書面
インボイスと呼ばれる書面には、どんなことが書かれているの?

●インボイスとはどんなもの?

　令和5年10月1日に日本国内で導入されるインボイスについて、ここから説明していきましょう。

　まず、インボイスとは「消費税に関する取引情報」を記載した請求書・領収書等のことです。海外との取引におけるINVOICEが、取引先に対して、「いつ、誰が、誰に、いくらの、何を、何個」送るのかを示した書面なのに対し、インボイスは次の7項目の記載が求められています。

【インボイスに記載する消費税に関する取引情報（＝インボイスの要件）】

> ① 発行事業者の屋号・名前
> ② 登録番号（インボイス登録申請をして初めて税務署から通知される番号）〈T＋13桁の数字〉
> ③ 取引年月日・販売した日
> ④ 取引内容・品名
> ⑤ 軽減税率の対象である場合は、軽減税率であることがわかる記号
> ⑥ 税率ごとに区分した、適用税率、税抜きの合計金額または税込みの合計金額、消費税額
> ⑦ 取引の相手方の名称

　これらの取引情報を記載した請求書・領収書・レシート・納品書のことをインボイス（適格請求書）と呼びます。そして、インボイス制度とは、次の2つの情報を、売り手から、買い手に伝える制度です。

【インボイスによって伝達したい情報】

- このインボイスを発行した事業者は、消費税を適正に納税すると宣言した事業者です。
- この請求書・領収書の記載金額は、本体価格○○円に対して、税率○％で、消費税○○円の合計金額となっています。

●取引情報が記載されたインボイスの例

売り手が買い手に対して、消費税に関する取引情報を伝達する手段がインボイスであり、どのような形式で7つの取引情報が記載されているかを示すと次の図のようになります。

【インボイス（適格請求書）の事例～請求書版】

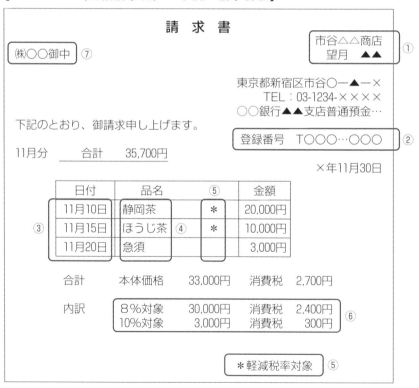

【インボイス（適格請求書）の事例～領収書版】

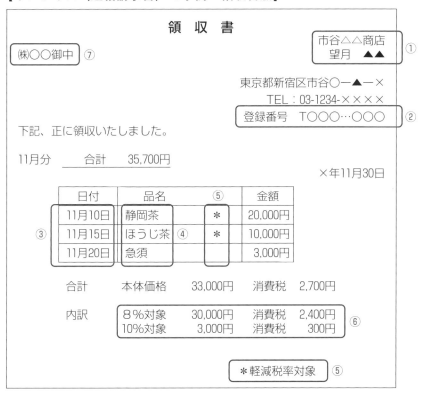

領　収　書

㈱○○御中　⑦

市谷△△商店
望月　▲▲　①

東京都新宿区市谷○ー▲ー×
TEL：03-1234-××××

登録番号　T○○○…○○○　②

下記、正に領収いたしました。

11月分　　合計　35,700円

×年11月30日

日付	品名		⑤	金額
11月10日	静岡茶		＊	20,000円
11月15日	ほうじ茶	④	＊	10,000円
11月20日	急須			3,000円

③

合計　　本体価格　33,000円　　消費税　2,700円

内訳　　8％対象　　30,000円　　消費税　2,400円
　　　　10％対象　　3,000円　　消費税　　300円　⑥

＊軽減税率対象　⑤

請求書、領収書ともに13ページで説明した7項目の取引情報を記載してください。

3 簡易インボイスと対象事業

コンビニで受け取るレシートにも
取引相手の名称を書くようになるの?

●インボイスの代わりに簡易インボイスが認められるとき

　前項で示したインボイスは請求書・領収書・納品書が該当しますが、一般の小売の店舗で代金を受け取るときに、取引の相手方の名称を必ず記載しなさい、などということは非常に手間ですよね。そこで、不特定多数のお客様を相手にする次の事業については、インボイスに代えて、簡易インボイスでよいことになっています。

　簡易インボイスとは、記載が必要となる消費税の取引情報の項目を減らしても認められるインボイスのことをいいます。

【簡易インボイスでよいとされる事業】

> ① 小売業
> ② 飲食店業
> ③ 写真業
> ④ 旅行業
> ⑤ タクシー業
> ⑥ 駐車場業（不特定多数のお客様を対象に営業する場合）
> ⑦ その他これらの事業に準ずる事業で、不特定多数のお客様を相手
> 　に事業を展開する場合

　これにより、飲食店で代金を支払う場合や、タクシーに乗った場合に受け取る領収書やレシートの記載事項が簡素化されています。具体的に記載すべき事項は次の項目となります。

【簡易インボイスに必要となる記載事項】

① 発行事業者の屋号・名前

② 登録番号（インボイス登録申請をして初めて税務署から通知される番号）〈Ｔ＋13桁の数字〉

③ 取引年月日・販売した日

④ 取引内容・品名

⑤ 軽減税率の対象である場合は、軽減税率であることがわかる記号

⑥ 税率ごとに区分した、税抜きの合計金額または税込みの合計金額と、適用税率または消費税額

● 通常のインボイスと、簡易インボイスのちがいは２つ

　簡易インボイスが通常のインボイスと異なる点の１つめは、取引の相手方の名称を記載する必要がないことです。小売店や飲食店で名前を書いてもらう必要がないのは実務上、非常にありがたいことですよね。

　２つめは、税率ごとに記載する合計金額について、適用税率と消費税額のうち、どちらか一方を記載すれば足りることです。

【簡易インボイスの金額の記載例①】

合　　　　計　2,180円
10％対象（税込）1,100円
8 ％対象（税込）1,080円

【簡易インボイスの金額の記載例②】

合　　　計　2,180円
小　計　1,100円（うち消費税額100円）
小　計　1,080円（うち消費税額 80円）

【簡易インボイスの金額の記載例③】

合　　　　計　2,180円	
10％対象　1,100円（うち消費税額100円）	
8％対象　1,080円（うち消費税額　80円）	

　適用税率か、消費税額を記載すればよいので、上の３通りの方法が考えられますが、③のように両者ともに記載されたほうが一番親切です。

　もちろん、次のように本来のインボイスの書き方でもかまいません。

【簡易インボイスの金額の記載例④】

合　　　　計　2,180円		
10％対象　1,000円	消費税額100円	
8％対象　1,000円	消費税額　80円	

④ お金と消費税の流れ

支払った消費税は、
最終的に誰が国に納めているの?

●お金と消費税の流れを事例で確認する

　ここでは商品の販売に伴うお金の流れと、それに伴う消費税の流れについて、簡単な事例で説明します。たとえば、1,000円の商品を購入して、付加された消費税100円との合計金額1,100円を支払ったとします。このとき、ここで支払った消費税分100円のお金については、誰が国に納めているでしょう?　受け取った相手方が100円全額を国に納めているのでしょうか。

　なお、話を簡単にするために、この商品は軽減税率対象商品ではなく、消費税率10%で商品の販売仕入が繰り返されるものと仮定します。

【商品と代金の流れ】

　まず、生産・製造業者がつくった商品を50,000円で卸売業者に販売します。次に、卸売業者が利益を乗せて、小売業者に70,000円で販売します。最後に、小売業者がこれに利益を乗せて、最終消費者に100,000円で販売します。

　この場合の、各事業者がいくら消費税を預かって、いくら消費税を支払って、実際にいくら消費税を納税するのかを示したのが次ページの図です。

【消費税の負担と納付の流れ】

(単位：円)

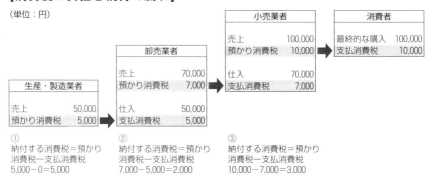

①
納付する消費税＝預かり
消費税－支払消費税
5,000－0＝5,000

②
納付する消費税＝預かり
消費税－支払消費税
7,000－5,000＝2,000

③
納付する消費税＝預かり
消費税－支払消費税
10,000－7,000＝3,000

---

①生産・製造業者は、卸売業者から預かった消費税5,000円をそのまま納税する。

　　5,000円－0円＝5,000円を納税

②卸売業者は、小売業者から預かった消費税（7,000円）と、生産・製造業者に支払った消費税（5,000円）の差2,000円の消費税を納税する。

　　7,000円－5,000円＝2,000円を納税

③小売業者は、消費者から預かった消費税（10,000円）と、卸売業者に支払った消費税（7,000円）の差3,000円の消費税を納税する。

　　10,000円－7,000円＝3,000円を納税

● **この事例で国に納められた消費税はいくら？**

　さて、この一連の流れの中で納められた消費税の合計金額はいくらでしょう？

合計金額＝5,000円＋2,000円＋3,000円＝10,000円

ですね。この10,000円、上の図の中でどこかに登場してきているのですが、どこかわかりますか。

　そうです。消費者が支払った消費税の金額です。

最終的に商品を受け取る消費者は、商品を購入する際に消費税を支払いますが、税務署に直接消費税を支払うわけではありません（そうですよね。デパートで10万円の品物を買って消費税が1万円かかったとしても、その分を税務署に別途納めるなんてことはありませんよね）。

　その消費税は誰がどうやって納めているのかというと、1つの商品が、消費者の手元に届くまでの流通経路の中で、段階を追って課税を繰り返しながら、各段階の事業者が差額を納めているのです。

　したがって、前ページの図で示したとおり、小売業者が3,000円、卸売業者が2,000円、生産・製造業者が5,000円の消費税を納めることで、消費者が支払った10,000円の消費税分が、国に納税されたことになるのです。

　では、ここで問題です。

【問題】
もし仮に、この事例の3段階の事業者のうち1社でも消費税を納めなかったら、どうなるでしょう？

　消費者が支払った10,000円のうち、誰かが消費税相当分の金額を、自分のポケットに入れてしまうケースです。このようなことが許されるのでしょうか？

　はい、許されるのです。次章からはなぜこのようなことが許されるのかについて、説明していきましょう。

海外取引におけるINVOICE

　輸出入に携わる方は、いままで散々INVOICEという言葉を聞いてきたことでしょう。令和5年10月に導入されるインボイスとのちがいを明確にするためあえて英語で表記しますが、INVOICEとは、海外への輸出入の際に必要となる送り状を意味します。

　輸入の場合には、海外の差出人側が作成したINVOICEが日本に送られており、一般的には現地の言語で書かれています。

　このINVOICEに記載された情報に基づいて関税などの税金を納めることで輸入の許可が得られ、晴れて商品を受け取ることが可能となります。

> INVOICEに記載されている項目
> 差出人の名称・住所・電話番号、受取人の名称・住所・電話番号、代金の支払条件、商品の品名、数量、種類、価格などの情報

　輸出の場合には、海外へ商品を発送する際にINVOICEを作成して通関へ提出します。日本から輸出する場合には英語で記載するのが一般的です。そして、「いつ、誰が、誰に、いくらの、何を、何個」送るのかという情報が記載されています。

　INVOICEは輸出する立場でみると、受取人に対して内容を示した明細書であり、商品を渡したことを証する納品書であり、そして、商品代金を求める請求書の役割を担います。

　INVOICEは、それがあって初めて代金を回収することができるという、物の流れとお金の流れの中で非常に重要な証拠書類となります。

第**2**章

消費税の基本的なしくみ

Q 「消費税のしくみなんて理解しないといけないの？」
A 「必要最低限の知識は、把握しておいたほうがいいと思うよ」
Q 「インボイスの手続きだけ理解できれば困らないでしょ？」
A 「うん。じゃあ、第2章を読み飛ばして、第3章へどうぞ…って思っ
　　たけど、そのあとの話が続かないから、第2章も飛ばさず読んで！」

消費税の納税義務
預かった消費税を納めなくても 法律違反ではない?!

●消費税は一定の条件を満たす人が納める

消費税を定めている法律として、消費税法という法律があります。

消費税法は、個人事業主と法人による区別はありません。

消費税法第5条において、次のように定められています。

【消費税法第5条】

> 事業者は、国内において行つた課税資産の譲渡等（中略）につき、この法律により、消費税を納める義務がある。

課税資産の譲渡等という言葉については次項以降で説明しますが、①事業者が、②国内において、③課税資産の譲渡等を行った場合に消費税の納税義務が生じてきます。

ただし、納税義務の生じた日本中の事業者が消費税を納めているかというと、そうではありません。次の条文が存在します。

【消費税法第9条】

> 事業者のうち、その課税期間に係る基準期間における課税売上高が千万円以下である者については、（中略）、消費税を納める義務を免除する。

事業者の中で、ある一定の条件を満たす人については、納税義務が免除され、これを「免税事業者」と呼びます。そして、事業者の中で、免税事業者以外の人のことを、「課税事業者」と呼びます。

これをまとめると次のようになります。

【免税事業者と課税事業者】

事業者	免税事業者…消費税を納める義務のない人
	課税事業者…消費税を納める義務のある人

　ここでのポイントは、**免税事業者に該当すれば消費税を納めなくてよ**
いという点です。仮に、消費税分を預かったとしても、その分を堂々と
納めなくてよいことになります。

● 「課税期間」「基準期間」「課税売上高」とは
　「課税期間」とは、いままさに消費税の計算対象としている年のこと
をいいます。たとえば、令和X年に行った取引については、令和X年1
月1日～12月31日が「課税期間」となります。

　「基準期間」とは、「課税期間」の2年前のことをいいます。「課税期間」
が、令和X年1月1日～12月31日の場合の「基準期間」は、令和（X－
2）年1月1日～12月31日となります。「基準期間」というのは、「課税
期間」の消費税を計算する判断材料となることを目的としているため、
2年前の年が割り当てられています。
　「なぜ2年前か？」──それは1年前だと計算が終わっていないから。
　令和（X－1）年1月1日～12月31日の集計をしたり、計算をしたり
するのは、その期間の過ぎた令和X年1月～3月です。令和X年1月1
日からその年は始まっており、集計する期間は後になります。したがっ
て、令和X年1月1日に集計が完了している年として、そのさらに1年
前の令和（X－2）年1月1日～12月31日が基準期間とされています。

　「課税売上高」とは、消費税の課税となる取引から生じた売上高をい
います。世の中にある数えきれない取引は、消費税のかかる取引と、か
からない取引に大別できます。このなかで消費税のかかる取引に該当す
る売上高等を集計したものが「課税売上高」となります。

消費税の課税の対象
消費税は
どんな取引にもかかるものなの?

● **消費税がかかる取引・かからない取引**

　では、課税事業者と免税事業者の定義を説明する前に、消費税の課税の対象となる取引とはどういうものかについて説明しましょう。消費税の課税の対象となる取引は、次のすべての要件に該当するものをいいます。

【消費税の課税の対象となる4要件】

① 国内において行う取引であること
② 事業者が、事業として行う取引であること
③ 対価を得て、行う取引であること
④ 資産の譲渡、資産の貸付け、役務の提供のいずれかであること

　①の「国内において行う取引であること」とは、消費税が国内における取引に対して課される税金であって、国外で行った取引については、消費税の課税対象とはならないことを意味します。たとえば、海外に小売の店舗をオープンして、営業したようなケースは日本国内の消費税は課されません。

　②の「事業者が、事業として行う取引であること」とは、事業をしていない人が行った取引は対象外であることを意味します。たとえば、事業をしていない人がプライベートで使用している自動車を売却したようなケースです。プライベートで使用している自動車を売って消費税の申告・納税が必要になったという話は聞いたことがないですよね。

　個人事業・フリーランスが100％プライベートで使用している自動車を売却した場合も、「事業として行う取引」ではないので、この取引に

ついては消費税の課税の対象とはなりません。

③「対価を得て、行う取引であること」とは、無償、いわゆるタダで商品をあげたケースは、消費税の課税対象とはならないということを意味します。

④「資産の譲渡、資産の貸付け、役務の提供のいずれかであること」の中で、資産の譲渡・貸付けについては頭に浮かびやすいと思いますが、商品等を販売したときの収入や、商品等を貸し付けたことによる収入が該当します。最後の「役務（えきむ）の提供」というのは、言い換えるとサービスの提供を意味します。国税庁のホームページ（HP）では、役務の提供の具体例として次のものが挙げられています。

【役務の提供の具体例】

> 土木工事、加工、修繕、清掃、クリーニング、運送、通信、保管、印刷、広告、仲介、興行、宿泊、飲食、技術援助、情報の提供、便益、出演、著述などに加え、弁護士、公認会計士、税理士、作家、スポーツ選手、映画監督、囲碁や将棋の棋士、芸術家などによる専門的知識、技能に基づくサービスの提供

つまり、商品の販売・貸付け、サービスの提供をしたときに得る収入に対して消費税が課されるのです。

ただ、これらに該当するからといってすべて消費税が課税されるのではなく、逆に、消費税が非課税となる取引というものも存在します。

消費税の非課税取引

消費税がかからない取引には どんなものがある?

● 消費税がかからない取引がある

消費税が非課税となる取引は、消費税の性格から課税することになじまないものと、社会政策的な配慮によるものとの2つに分けられます。

【消費税の性格から課税することになじまないもの】

> 1 土地の譲渡および貸付け
>
> ただし、1か月未満の土地の貸付けおよび駐車場などの施設の利用に伴って土地が使用される場合は除く
>
> 2 有価証券等の譲渡（ゴルフ会員権等は除く）
>
> 3 預貯金の利子、保険料を対価とする役務の提供
>
> 4 日本郵便㈱が行う郵便切手類の譲渡、印紙の売渡し場所における印紙の譲渡、地方公共団体などが行う証紙の譲渡、商品券、プリペイドカードなどの物品切手等の譲渡
>
> 5 国、地方公共団体が行う一定の事務に係る役務の提供、外国為替業務に係る役務の提供

たとえば、土地・建物を売却する際、土地・建物の合計金額で○○万円という形で売却するケースが多いのですが、その内訳は、土地については消費税が非課税で、建物部分のみに消費税が課されます。

株式や投資信託などの有価証券を売買する場合に、証券会社の売買手数料には消費税が課税されますが、売却代金そのものには消費税は課されません。これは、暗号資産（かつては「仮想通貨」と呼んでいました）についても同様です。

その他、切手や印紙については、基本的に消費税は課税されませんが、チケット業者で購入すると消費税が課税されます。

【社会政策上の配慮から消費税が非課税とされているもの】

1　社会保険医療の給付等
　　ただし、美容整形や差額ベッドの料金、市販の医薬品は除く
2　介護保険法に基づく居宅サービス・施設サービスなど（ただし、特別な居室の提供や送迎などの対価は除く）、社会福祉事業等によるサービスの提供等
3　助産
4　火葬料や埋葬料を対価とする役務の提供
5　一定の身体障害者用物品の譲渡や貸付け等
　　義肢、視覚障害者安全つえ、義眼、点字器、人工喉頭、車椅子、身体障害者用の自動車などの身体障害者用物品の譲渡、貸付け、製作の請負、修理
6　学校教育
　　学校教育法に規定する学校、専修学校、修業年限が1年以上などの要件を満たす各種学校等の授業料、入学検定料、入学金、施設設備費、在学証明手数料など
7　教科用図書の譲渡
8　住宅の貸付け
　　契約において人の居住の用に供することが明らかにされているもの。ただし、1か月未満の貸付けなどは除く

　社会政策上の配慮から消費税が非課税とされる取引については、非常にイメージしやすいものばかりかと思います。病院での診療代、処方箋に基づく薬局での薬代、介護保険サービスに基づく支払い、医師や助産師による助産、火葬料や埋葬料、身体障害者用物品、学校教育の入学金や授業料、教科書などです。
　一番最後の住宅の貸付けですが、居住用のマンション・アパートの賃貸は、消費税非課税です。あくまで居住用ですので、事業用・店舗用の賃貸の場合には消費税が課税となります。

4 課税売上高って初めて聞いたけど、なんのこと?

●課税売上高は消費税の理解に欠かせない

消費税の課税事業者となるか、免税事業者となるかの判定の際、また、今後色々なところでの判断基準に関わってくる、課税売上高について説明します。

【課税売上高とは】

> 課税売上高
> ＝消費税の課税対象となる取引から生ずる売上高の合計金額

消費税の課税対象となる取引とは、消費税の課税の対象となる4つの要件に当てはまる商品の販売・貸付け、サービスの提供に該当し、かつ、消費税が非課税となる取引に該当しないものです。

なお、課税"売上高"といっても、決算書作成時に"売上高"として処理するものだけでなく、雑収入と計上されるものや、事業用の建物の売却収入も含まれます。

これらを合計した金額が課税売上高となります。

個人事業・フリーランスのみなさんは、商品を販売したり、何かしらの工事を行ったり、何かしらのサービスを提供することで、代金を受領します。この代金を受領する取引の中で、26ページに示した要件に該当する消費税のかかるものをピックアップして、集計した合計金額が課税売上高となります。

この集計については、基本的には帳簿を作成したうえで、勘定科目ごとに計算したものを合算することにより行います。たとえば、

売上高　500万円

雑収入（事業に付随する収入）100万円

の場合には、500万円＋100万円＝600万円が課税売上高と求められます。

　ここで、非常に重要な疑問が生じてきます。

　この課税売上高は、税込金額の合計額なのか、税抜金額の合計額なのか？

　消費税を毎年、申告・納税している個人事業・フリーランスの場合には、消費税を抜いた税抜金額で算出します。

　個人事業・フリーランスは、開業したときは全員免税事業者です。あるいは開業後数年しか経過しておらず、その対象としている年が消費税を納めていない免税事業者の年だった場合には、消費税相当額も含んだ税込金額で算出します。

【課税売上高は税抜きか税込みか】

> その対象とする期間が、
> (1)　課税事業者のとき…　消費税を抜いた税抜金額
> (2)　免税事業者のとき…　消費税分を含んだ税込金額

●課税売上高は課税事業者と免税事業者で変わる！

　たとえば、お客様に商品を販売して年間500万円を受け取ったとしましょう。あなたが課税事業者であろうと免税事業者であろうと、受け取った金額は変わりません。

　ところが、あなたが課税事業者か免税事業者かによって、課税売上高が異なるものとして捉えられてしまうのです。

　あなたが課税事業者の場合、受け取った販売代金が500万円であれば、消費税10％の場合、課税売上高は、500万円÷1.1＝4,545,454円となります。

　一方、あなたが免税事業者の場合に受け取った販売代金が500万円であれば、課税売上高は500万円のままとなります。

5

免税事業者になる人

課税売上高が1,000万円以下かどう かは、どうやって判断している?

● 消費税の納税義務を免除されるとき

26ページで述べたとおり、①国内において、②事業者が、③対価を得て、④課税資産の譲渡等を行った場合という、4つのポイントに該当すると消費税の納税義務が生じ、課税事業者となります。

ただし、次の要件のいずれも満たす場合には、免税事業者となり、消費税を納税する義務が生じません。

【免税事業者になる人】

① 基準期間における課税売上高が1,000万円以下
② 特定期間における課税売上高が1,000万円以下

① 基準期間における課税売上高が1,000万円以下

基準期間とは、個人事業・フリーランスの場合、2年前の1月1日～12月31日のことです。たとえば、令和X年分の消費税の納税義務を判断する場合、令和（X－2）年1月1日～12月31日の課税売上高が1,000万円を超えるか超えないかで判定されます。

【基準期間とは】

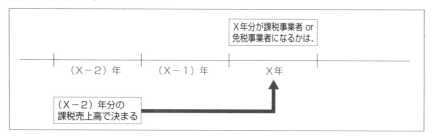

図のとおり、判断が必要となる年の2年前の課税売上高が1,000万円を超えていたら、自動的に課税事業者となります。

② 特定期間における課税売上高が1,000万円以下

　仮に①の基準期間の課税売上高が1,000万円以下だったとしても、この特定期間の課税売上高が1,000万円を超えたら、課税事業者となり、免税事業者とはなりません。

　特定期間とは、前年の1月1日～6月30日のことです。この6か月の課税売上高が1,000万円を超えると、翌年は課税事業者になります。

【特定期間とは】

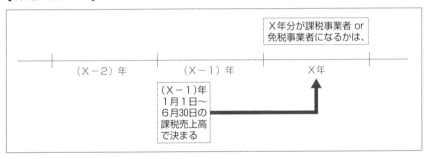

【特定期間における判定基準の代替条件】

> ただし、1月1日～6月30日の課税売上高が1,000万円を超えていても、同じ期間に支払う給与が1,000万円を超えていなければ免税事業者として判定することができる。

　ただし、特定期間の判定には、もう1つオマケの条件があります。

　前年上半期の6か月の課税売上高が1,000万円を超えたとしても、同じ期間の給与が1,000万円を超えていなければ免税事業者でいいよという意味です。

　なお、ここで言う"給与"には、生計を一にする親族に支払う専従者給与も含みます。

【免税事業者となるための分岐点】

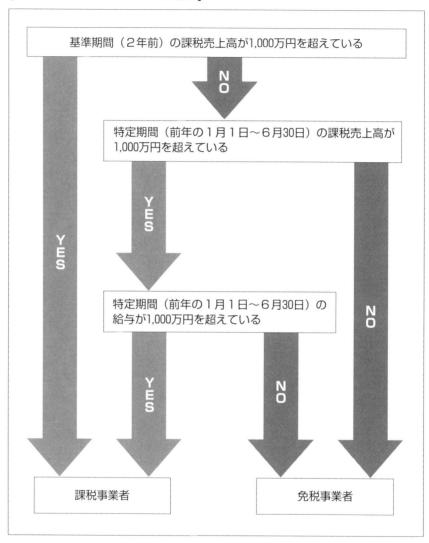

上のフローチャートに従って判断すると、左側の「課税事業者」にたどり着いたら自動的に課税事業者となり、右側の「免税事業者」にたどり着いたら免税事業者となります。免税事業者に該当した場合でも、登録することによってインボイス発行事業者になることができます。詳しくは58ページをご参照ください。

なろうと思えば、誰でも課税事業者になれるの？

●課税事業者になってトクすることもある

　前ページまでは、課税事業者と免税事業者の客観的な判定基準について説明しました。基準期間の判定基準で判定されたとしても、特定期間の判定基準で判定されたとしても、過去のある一定期間が対象期間であることに変わりはありません。開業前に課税売上高が1,000万円を超えることはありえないので、個人事業・フリーランス開業の年は強制的に課税事業者になることはありません。

　ただし、自ら手続きをすることによって課税事業者になる方法があります。「消費税課税事業者選択届出書」を提出するのです。

　「誰が好き好んで消費税の課税事業者になるのか」と疑問を持たれるかもしれませんが、「消費税課税事業者選択届出書」を提出するのは次のようなケースです。

　消費税の基本的な計算式を踏まえて読んでください。

【消費税の基本的な計算式】

> **納める消費税＝預かった消費税－支払った消費税**

　開業の年に多額の設備投資をした場合、預かった消費税を支払った消費税が上回る場合も出てきますよね。この場合に、消費税の課税事業者になってさえいれば、上回った分の消費税の還付を受けることができます。

　つまり、「消費税課税事業者選択届出書」を提出する主な目的は、「開業年の分の消費税の還付を受ける」ことにあります。免税事業者だと消費税の申告そのものができないので、いくら支払った消費税が多くても還付を受けることはできません。

●課税事業者になるときの注意点

　消費税の課税事業者を選択する際には、注意していただきたいことがあります。

　いったん課税事業者になると、課税事業者を選択した年を含めて少なくとも2年間は消費税の申告が必要となります。また、調整対象固定資産と呼ばれる1つ100万円以上の棚卸資産以外の固定資産を取得した場合には、課税事業者を選択した年を含めて3年間は消費税の申告が必要となります。

　1年目に消費税の還付を受けたとしても、その後1年または2年の消費税の納付額と比べて、納付額が上回った場合、課税事業者にならないほうがトクだったということにもなり得ます。実際に事業をやってみなければわからないことですが、慎重に計算してから提出しましょう。

　「消費税課税事業者選択届出書」の記載例を次ページに載せておきます。この届出書は、届出書を提出した日の属する年の翌年から、課税事業者としての効力が発生します。

　ですので、その年の分について課税事業者を選択したければ、その前の年の年末までに届出書を提出しなければなりません。「新規開業なら、開業の前年の年末までに届出書を出すなんて不可能では」と言われそうですが、安心してください。新規開業の場合には、開業した年の年末までに提出すればよいとされています。

【「消費税課税事業者選択届出書」を届け出るなら】

- ●対象者……消費税の課税事業者になりたい人
- ●提出期限…課税事業者として申告したい年の前年の末日まで。ただし、新規開業の場合は、開業年の年末まで
- ●提出先……納税地の所轄税務署長

【「消費税課税事業者選択届出書」の記載例】

第1号様式

消費税課税事業者選択届出書

収受印		（フリガナ）	トウキョウトシンジュククイチガヤホンムラチョウ
令和○年△月×日		納税地	（〒162 − 0845） 東京都新宿区市谷本村町○−△−× （電話番号　03 −1234−××××）
	届	（フリガナ）	
		住所又は居所 （法人の場合） 本店又は 主たる事務所 の所在地	（〒　−　） 同　上 （電話番号　−　−　）
	出	（フリガナ）	
		名称（屋号）	←屋号があれば記入
		個人番号 又は 法人番号	↑ 個人番号の記載に当たっては、左端を空欄とし、ここから記載してください。 ○○○○ ○○○○ ○○○○
	者	（フリガナ）	コジン　イチロウ
		氏名 （法人の場合） 代表者氏名	個人　一郎
		（フリガナ）	
		（法人の場合） 代表者住所	（電話番号　−　−　）
四谷 税務署長殿			

　下記のとおり、納税義務の免除の規定の適用を受けないことについて、消費税法第9条第4項の規定により届出します。

→課税事業者になろうとする年を記入

適用開始課税期間	自 ○平成 ●令和 ○年 1月 1日	至 ○平成 ●令和 ○年 12月 31日		
上記期間の 基準期間	自 ○平成 ●令和 ○年 1月 1日	左記期間の 総売上高	8,500,000 円	
	至 ○平成 ●令和 ○年 12月 31日	左記期間の 課税売上高	8,500,000 円	
事業内容等	生年月日（個 人）又は設立 年月日（法人）	1明治・2大正・3昭和・4平成・5令和 ○　○　○　●　○ ○年 ○月 ×日	法人 のみ 記載	事業年度	自　月　日 至　月　日
				資本金	円
	事業内容	→事業内容を記入		届出区分	事業開始・設立・相続・合併・分割・特別会計・その他 ○　○　○　○　○　○　○
参考事項			税理士 署名	（電話番号　−　−　）

※ 税務署処理欄	整理番号		部門番号			
	届出年月日	年　月　日	入力処理	年　月　日	台帳整理	年　月　日
	通信日付印 年　月　日	確認	番号 確認	身元 □ 済 確認 □ 未済	確認 書類	個人番号カード／通知カード・運転免許証 その他（　　）

注意　1．裏面の記載要領等に留意の上、記載してください。
　　　2．税務署処理欄は、記載しないでください。

課税事業者になろうとする年の基準期間（2年前）を記入。同時に総売上高、そのうち課税売上高の金額を記入。

インボイス導入と取引条件の見直し

　インボイス制度スタートに伴う取引条件の見直しについては、独占禁止法や下請法に抵触する恐れがあることから、財務省・公正取引委員会・経済産業省・中小企業庁・国土交通省の連名による「免税事業者及びその取引先のインボイス制度への対応に関するQ&A」が令和4年1月に発表されています。

　また、令和5年5月には、公正取引委員会より「インボイス制度の実施に関連した注意事例について」が公表されました。これは、消費税相当額の取引価格からの引下げを文書で一方的に通告した発注者に注意したという内容でした。

　インボイス制度導入が決まってから、クライアントの企業に何度も説明をしてきましたが、企業規模が大きければ大きいほど免税事業者に対する姿勢は厳しいものがあります。それは、企業規模が大きいほど、業務を発注する先も増えるため、「この人はインボイス発行事業者だ」「この人はインボイス発行事業者ではない」という管理が大変という事情があります。

　また、インボイス発行事業者以外への業務を発注すると、企業側の消費税の納税額も増えてしまうことがわかっているため、業務の発注に二の足を踏む企業が多いのは紛れもない事実です。

　そして、業務の発注先を免税事業者から他のインボイス発行事業者へシフトしていくのは企業側の自由ですから、公正取引委員会等がいくら独占禁止法や下請法を振りかざしても取り締まるのは不可能です。

　以上のことから、個人事業・フリーランスの方が取り得る対応策は次のいずれかだと考えます。

　①インボイス発行事業者の登録をして、消費税分を堂々と請求して、消費税をきっちり申告・納税する。

　②インボイス発行事業者にならなかったとしても、業務をそのまま受託できるような唯一無二の存在になる。

　いずれにしても、企業側と対等の形でパートナーシップを構築できるよう、絶えず努力することが必要ではないでしょうか。

第 **3** 章

インボイスに登録すべきか

Q 「消費税の基本的なしくみは、ホントにむずかしかった(泣)」
A 「さあ、ここからがインボイス本番」
Q 「え〜っ、まだ続くの？」
A 「知らないと困る情報がいっぱいだから、ついてきてっ(^^♪)」

1 インボイス発行事業者の登録

課税事業者は、自動的に
インボイス発行事業者にならないの?

●インボイス発行事業者となるには登録が必要

　本項からは、インボイス制度が導入されることにより、具体的にどのような影響が生じるのかをみていきます。

　世の中の個人事業・フリーランスの方は、24ページで説明した「免税事業者」と「課税事業者」の2つに分けられます。そして、

> 「免税事業者」と「課税事業者」の中で、インボイス発行事業者の登録をした人のことを、「インボイス発行事業者」と呼ぶ

のです。

　免税事業者であろうと、課税事業者であろうと、インボイス発行事業者の登録をして初めて、インボイス発行事業者となります。逆に言うと、いままで消費税の申告・納税を行ってきた課税事業者であったとしても、インボイス発行事業者の登録をしなければ、インボイス発行事業者にはなれず、インボイスを発行することはできません。

　そして、「インボイス発行事業者」となることによって、13ページで説明したインボイスを発行することが可能となります。

●インボイスについてはみんな悩んでいる!

　仕事柄、個人事業・フリーランスの方から直接インボイスについての悩みを聞くケースは多々あります。また、顧問先の経理・営業を含めた社員のみなさん向けにインボイスに関するセミナーを開催したことも何度もあります。

　そのなかで、みなさんから聞いたインボイスについての悩みの一部を列挙すると、次ページのとおりになります。

【インボイスについての悩み】

- 自分がインボイス発行事業者にならないといけないのか
- 自社が仕事を依頼している個人事業・フリーランスの人にインボイス発行事業者の登録をしてもらわないといけないのか
- インボイス発行事業者の登録をしたときに、降りかかってくる手間や税金が想像できない
- インボイスに、何をどう書いたらいいのか
- インボイス発行事業者の登録をしないときに何が起こるのか
- インボイス発行事業者の登録をしないと、もらえるお金が減ってしまうのか
- 個人事業・フリーランスの方に支払う代金を減らさないといけないのか
- インボイスのような訳のわからないものに対応するくらいなら、廃業しようか
- インボイス発行事業者の登録をしてくれない場合、他の取引先を探さないといけないのか

　個人事業・フリーランスの方ご自身が悩んでいるのと同時に、仕事を発注する企業側の方も悩んでいます。

　次項から、仕入先、自分、売上先の３事業者がそれぞれインボイス発行事業者に該当するかしないかで、消費税の申告にどのような影響を及ぼすのかについて、３つのケースに分けて説明していきましょう。

【インボイス発行事業者かどうかで想定される３つのケース】

- 自分がインボイス発行事業者でない場合
- 自分が請求書を送る売上先がインボイス発行事業者でない場合
- 請求書が送られてくる仕入先がインボイス発行事業者でない場合

②

自分がインボイス発行事業者でない場合、自分の申告にどう影響する?

【自分がインボイスを発行できないとどうなる?】

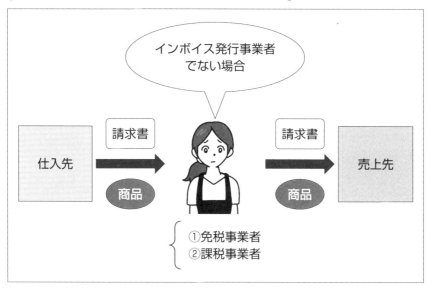

もともと消費税の課税事業者であっても、インボイス発行事業者の登録を自らしなければ、インボイス発行事業者にはなりません。インボイス発行事業者でない人は、消費税の納税義務者でない人がほとんどでしょうが、次の2つに分けて考えることにします。

① 自分が消費税の免税事業者で、インボイス発行事業者にならない場合

この場合、自分が消費税の免税事業者ですから、消費税の申告・納税は行いません。したがって、インボイス制度施行後も、自分の消費税の申告・納税には、何ら影響はありません。

② 自分が消費税の課税事業者でも、インボイス発行事業者の登録をしていない場合

　自分が消費税の課税事業者の場合には、消費税の申告・納税が必要になります。この場合は自分がインボイス発行事業者である場合とインボイス発行事業者でない場合で、自分の消費税の申告・納税には何もちがいが生じません。

　仕入先から届く請求書等がインボイスに該当するかどうかが、自分の消費税の申告・納税に影響を及ぼします。つまり、自分がインボイス発行事業者に該当するかどうかということよりも、仕入先からの請求書等がインボイスに該当するかどうかがポイントとなります。

　逆に、自分がインボイス発行事業者でないということは、自分が発行する請求書等はインボイスに該当しないため、その請求書等を受け取った売上先の消費税の申告・納税には影響を及ぼします。

　売上先の消費税の税額が増えるおそれがあり、12ページで説明した2つの思考パターンが想定されます。

　あなたが課税事業者の場合、インボイス発行事業者になることによるデメリットはないので、58ページを参照してインボイス発行事業者の登録をしてください。

あなたがインボイスを発行できないと、売上先が税額控除できなくて困るんです。

3 インボイス発行事業者②

請求書を送る売上先がインボイス発行事業者でない場合、自分にどんな影響があるの?

【売上先がインボイス発行事業者でない場合はどうなる?】

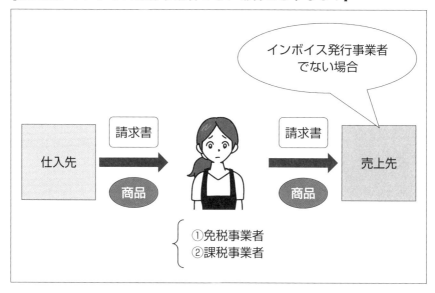

　まず、自分が免税事業者の場合、消費税の申告・納税は行いません。したがって、売上先がインボイス発行事業者かどうかによる影響はありません。

　次に、自分が課税事業者の場合、消費税の申告・納税を行います。ですが、自分が請求書を発行する側なので、売上先がインボイス発行事業者かどうかは、自分の消費税の申告・納税には何の影響も与えません。

　あくまで、商品を販売した、あるいは、サービスを提供したことによって、請求書を発行して代金を請求する側、代金を受領して領収書を発行する側がインボイス発行事業者かどうかによって影響が生じます。

4 インボイス発行事業者③

仕入先がインボイス発行事業者でない場合、自分にどんな影響があるの？

【仕入先がインボイス発行事業者でない場合はどうなる？】

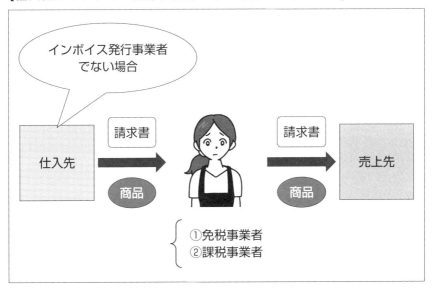

インボイス発行事業者
でない場合

仕入先 → 請求書 → 商品 → → 請求書 → 商品 → 売上先

①免税事業者
②課税事業者

●自分が免税事業者か課税事業者かで分けて考える

　自分が免税事業者の場合と、課税事業者の場合で分けて考えます。

　まず、自分が免税事業者の場合には、消費税の申告・納税は行わないので、仕入先がインボイス発行事業者かどうかによる影響はありません。

　次に、自分が課税事業者の場合を説明します。

　この場合に仕入先がインボイス発行事業者であれば、発行する請求書等はインボイスに該当しますから、自分の消費税の申告・納税はいままでと変わりません。

　ところが、仕入先がインボイス発行事業者でない場合には、発行する請求書等はインボイスに該当しないため、代金を支払う側の消費税の申

告・納税に影響が生じます。このことをまとめると、次のとおりです。

【インボイス発行事業者でない仕入先から請求書等を受け取った場合】

- 受け取った請求書に基づいて、消費税込みの代金を支払うことはできる
- 仕入先がインボイス発行事業者の登録を受けていないため、発行する請求書等はインボイス（適格請求書）には該当しない

● 請求書を受け取った側の消費税の計算が変わる

インボイスに該当しなくても、消費税込みの代金請求をすることも、その請求書に基づいて代金を支払うこともできます。インボイス制度のスタートに伴って変わってくるのは、請求書を受け取った側の消費税の計算です。

いままでの消費税の納税額は、

納付する消費税＝預かり消費税－支払消費税

という計算式で求めた金額を納付すればよかったのですが、受け取った請求書等がインボイスに該当しない場合、納付する消費税は次のような算式で求めます。

納付する消費税＝預かり消費税－支払消費税×控除割合 (100%～0%)

式の最後のマイナスすることができる支払消費税の金額が、控除割合を掛けたものとなります。

この控除割合は、次ページ表のとおり段階的に引き下げられます。

	控除割合
令和5年9月30日まで	100%
令和5年10月1日～8年9月30日	80%
令和8年10月1日～11年9月30日	50%
令和11年10月1日～	0%

　取引年月日が令和5年9月30日までは満額の100％ですが、インボイス制度のスタートに伴い段階的に減っていき、令和11年10月1日以降の取引については0％、つまり、まったくマイナスすることができなくなります。

　言い換えると、令和11年10月1日以降は、インボイスに該当しない請求書等に対して消費税相当分を支払ったとしても、**消費税の納税額を計算するときには、その支払いはなかったものとして計算します。**

　インボイスに該当しない請求書等に対して代金を支払う場合に、支払いをする側の納付する消費税が徐々に増えていってしまうというのが、このインボイス制度の恐ろしい一面です。

あなたが発行した請求書がインボイスでないと、売上先は、あなたに支払った消費税を負担する（令和11年10月1日以降は全額）ことに！

この流れをまとめると下図のようになります。

【請求書を受け取った事業者の納税額が増える！】

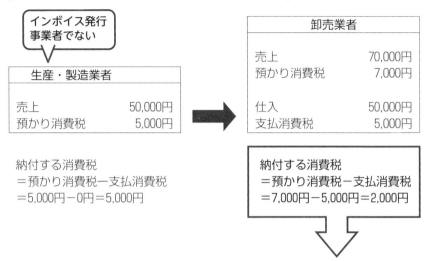

マイナスすることのできる「−支払消費税」の部分が、下表のとおり段階的に減っていきます（逆に言うと、納税額は増えていきます）。

	控除割合	−支払消費税×控除割合	納税額		
令和5年9月30日まで	100%	5,000円	2,000円		
令和5年10月1日〜8年9月30日	80%	4,000円	3,000円	減	増
令和8年10月1日〜11年9月30日	50%	2,500円	4,500円		
令和11年10月1日〜	0%	0円	7,000円		

だんだん減る！　　だんだん増える！

　「自分が課税事業者の場合、インボイス発行事業者でない仕入先から受け取った請求書に記載されている消費税は、いずれ全額控除できなくなる」——。控除できない消費税は自分が負担することになるので、これからの取引を考えると、インボイスは本当に大きな影響があります。

ここまでの内容をまとめると下図のようになります。

【インボイスでない請求書の与えるインパクト】

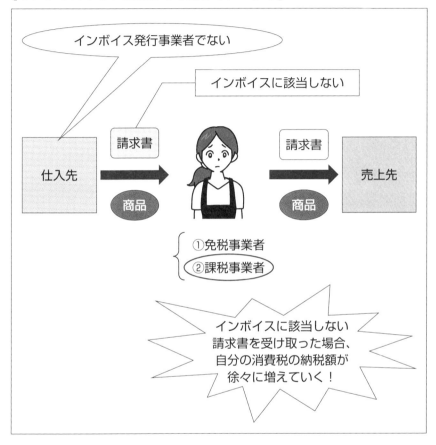

　インボイス発行事業者でない仕入先から受け取った請求書等はインボイスには該当しません。そのため、課税事業者である自分が消費税の計算をする際に差し引く金額が、もともとの支払消費税に控除割合を乗じたものとなり、その結果、消費税の納税額は令和11年10月まで3年ごとに増えていきます。

インボイス発行事業者④
自分がインボイス発行事業者にならなかった場合、売上先にどんな影響があるの?

【売上先の負担が段階的に増えていく】

●インボイスでないと売上先の負担が段階的に増える

　インボイスでない請求書等を受け取った売上先は納税額の計算上、支払消費税に控除割合を掛けたものしかマイナスすることができません。裏を返すと、次の割合を掛けた分だけ納税額が増えます。

【消費税の納税額は段階的に増える】

	支払消費税に占める割合	税抜本体価格×下の割合
令和5年9月30日まで	—	
令和5年10月1日～8年9月30日	20%	2%
令和8年10月1日～11年9月30日	50%	5%
令和11年10月1日～	100%	10%

令和8年9月までは、支払消費税×20％、本体価格×2％分の消費税の負担増となります。たとえば、本体価格10万円の商品を買った場合、支払消費税は、

$$支払消費税＝10万円×10％＝1万円$$

なので、

> 増えてしまう消費税
> 　　＝支払消費税（1万円）×20％＝2,000円
> 　　＝本体価格（10万円）×2％＝2,000円

と計算できます。

　売上先の立場でみたときに、インボイス発行事業者でない人から購入することで、10万円に対して2,000円、消費税の納税額が増えてしまうとなったら、どう感じますか。これが10回続けば、100万円に対して2万円、100回続けば、1,000万円に対して20万円…。

　まったく同じ商品を購入するのであれば、インボイスを発行している人から買おうという気になっても何ら不思議ではないですよね。

　そこで、売上先から次のように言われるかもしれません。

【売上先から言われそうな言葉】

> ① 消費税分も含めて、いままでどおり支払います。
> ② 令和8年9月30日までは、当社が損をするのは2％（令和8年10月1日から令和11年9月30日までは5％）ですが、その期間もいままでどおり消費税分も含めて支払います。
> ③ 令和8年9月30日までは、2％（令和8年10月1日から令和11年9月30日までは5％）分を差し引いて支払います。
> ④ インボイス発行事業者にならないなら、消費税分は支払いません。
> ⑤ インボイス発行事業者にならないなら、取引そのものを中止します。

③〜⑤のような言葉を投げかけられたときにどうするかは、あらかじめ考えておく必要があります。インボイス発行事業者になるかどうかは、事業主自身の判断に委ねられています。インボイス発行事業者になって消費税を申告・納税する義務はありませんが、先ほどの⑤のように、取引を中止されるようなことがあると、事業を続けることがむずかしくなるでしょう。

●インボイス発行事業者に登録するとどうなる？

　頭を整理するために、次ページのフローチャートをみてください。インボイス発行事業者の登録をした場合（フローチャートの左側を選択した場合）には、自動的に課税事業者となります。この場合の注意点をまとめると次のようになります。

【インボイス発行事業者の登録をした場合】

- 発行する請求書…消費税に関する取引情報を記載した請求書・領収書等を発行することが必要で、これらがインボイスとして扱われる
- 請求金額…本体価格に加え、消費税も請求する
- 消費税の申告…確定申告時に、所得税の確定申告に加え、消費税の確定申告も必要となる
- 消費税の納税…必要

　インボイス発行事業者の登録をして課税事業者となった場合には、仮に開業当初であったとしても、基準期間や特定期間の課税売上高が1,000万円以下だったとしても、消費税の申告・納税が必要となります。
　なお、基準期間や特定期間については第2章5項を参照してください。

●インボイス発行事業者に登録しないとどうなる？

　一方、インボイス発行事業者の登録をしなかった場合（フローチャートの右側を選択した場合）で、免税事業者の場合には、54ページ上部の

【インボイス発行事業者の登録判断のフローチャート】

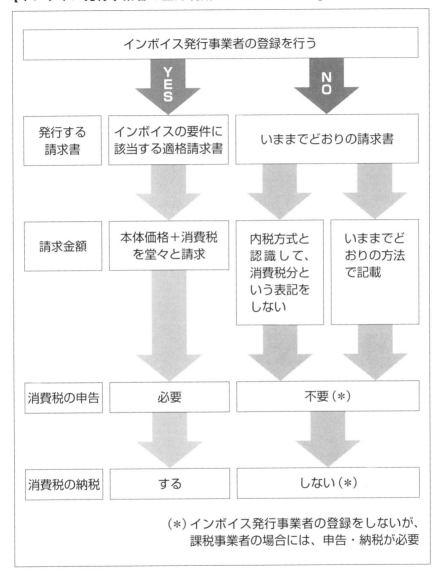

ような点に注意が必要になります。

【インボイス発行事業者の登録をしなかった場合（免税事業者の場合)】

- ● **発行する請求書**…いままでどおりの請求書・領収書等を発行する
- ● **消費税の申告**…消費税の確定申告は不要
- ● **消費税の納税**…不要

　請求金額については、消費税の納税義務者ではないので、消費税を記載するのに抵抗がある人が多いと思います。ですが、いままでどおりの記載方法で「本体価格＋消費税」を記載しても間違いではありません。

　「本体価格＋消費税」に抵抗がある場合には、内税方式で金額を記載してください。

　対外的には消費税分の請求はしづらくなりますので、内税方式で金額を記載すると同時に、消費税分のハンディを負ったとしてもお客様から選ばれるような商品・サービスの提供を続けていきましょう。

　ＡＩが取引先を決定するわけではないので、しっかりとコミュニケーションをとって関係をつなぎとめ、そして、販売価格を下げられない対策を検討していきましょう。

> インボイス発行事業者に登録するということは、消費税の課税事業者になって、消費税の申告・納税義務を負うということ。逆に、インボイス発行事業者の登録をせず、免税事業者のままでいると、消費税の申告・納税義務はないが、いままでと同じ取引が継続できるかどうかは心配。

インボイス発行事業者⑤
インボイス発行事業者でないと、消費税を乗せて請求してはいけないの?

● 消費税を乗せずに請求するとどうなる?

　免税事業者がインボイス発行事業者の登録をしなかった場合の請求金額については非常に悩ましいものがあります。この場合に消費税分を"0円"にして本体価格のみを請求金額とする人がいます。

　この方法は正しいのでしょうか。

　たしかに、インボイス発行事業者でない免税事業者は、消費税の申告・納税を行わないので、消費税分を請求すると消費税分を余分にもらっている気がしますし、後ろめたさを感じるかもしれません。

　でもちょっと待ってください。消費税分を請求しないというのはどういう意味なのか、簡単な事例で考えてみます。下図をみてください。

【事例】

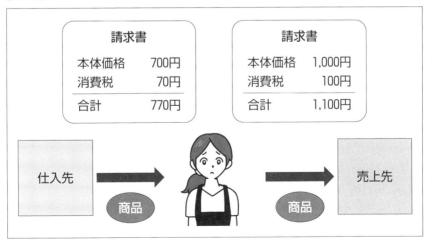

前ページの事例の利益と消費税（課税事業者だった場合の納税額）を計算すると、次のとおりです。

【前ページの事例での利益の計算と消費税の納税額】

- 利益＝売上（1,000円）－仕入（700円）＝300円
- 消費税の納税額＝預かり消費税（100円）－支払消費税（70円）
  ＝30円

免税事業者の場合、消費税の申告・納税はしないので、上の30円はいわゆる「益税」となります。

では、前ページの事例の取引を行った際に、消費税分を請求しなかったらどうなるでしょう？

【前ページの事例で消費税を請求しないと…】

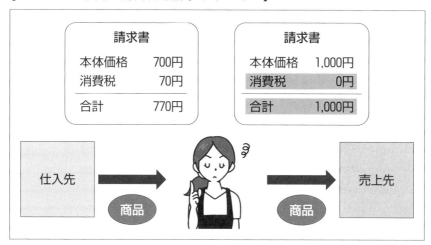

一目瞭然ですが、仕入先に支払う消費税70円を、売上先から預かる消費税分から賄うことができません。ということは、つまり、消費税70円分は自分が負担することになります。

【前ページの図における利益の計算と消費税の負担額】

- 利益＝売上（1,000円）－仕入（700円）＝300円
- 消費税の負担額＝預かり消費税（0円）－支払消費税（70円）
  ＝▲70円

インボイス発行事業者の登録をしなかった免税事業者は消費税を納めません。だからといって、消費税分をまったくもらわなかったら、この事例のように、消費税分▲70円をどこからか調達しなければなりません。調達しなければ、実質的な利益は230円となります。

【事例における実質的な利益】

- 利益＝売上（1,000円）－仕入（700円）＝300円
- 消費税の負担額＝預かり消費税（0円）－支払消費税（70円）
  ＝▲70円
- 実質的な利益＝300円＋▲70円＝230円

230円は、売上先への請求書の金額（1,000円）と、仕入先から受け取った請求書の金額（770円）の差と一致します。この金額で事業を継続できるならば消費税分をゼロにしてしまってかまいませんが、一般的には大問題だと思います。**消費税分全額の値下げ要求には安易に応じない**ことをおススメします。

7 インボイス発行事業者の登録
インボイス発行事業者になるためには、どんな手続きが必要？

● 「適格請求書発行事業者の登録申請書」を提出する

　ここまでインボイスについて説明してきましたが、消費税の免税事業者でもインボイス発行事業者の登録をしたほうが、すっきりビジネスを展開できる人が多いように感じます。

　インボイス発行事業者に登録するためには、次ページの「適格請求書発行事業者の登録申請書」という書類を、納税地の所轄税務署長に提出する必要があります。

【「適格請求書発行事業者の登録申請書」の提出】

> ● 登録希望日の違いによるインボイス発行事業者の提出スケジュール
> 　◆令和５年10月１日からインボイス発行事業者となりたい場合
> 　　● 令和５年９月30日までに提出
> 　　● 実際の通知日が令和５年10月２日以降となった場合でも、令和５年10月１日に遡って登録を受けたものとして扱われる
> 　◆登録希望日からインボイス発行事業者となりたい場合
> 　　● 登録希望日から起算して15日前の日までに提出
> 　　● たとえば、４月１日が登録希望日の場合には、３月17日まで
> ● 登録申請から通知までの期間…登録申請書の提出状況によって異なり、詳細は、国税庁インボイス制度特設サイト内の「適格請求書発行事業者の登録件数及び登録通知時期の目安について」において開示される

　登録希望日までの日数が制度上、上記のように定められていますが、登録通知が届くまでの期間は、e-Tax利用の場合で１か月半、書面提出の場合で３か月かかっています。ですから、１日でも早く登録申請書を提出するに越したことはありません。

【「適格請求書発行事業者の登録申請書」の記載例】

第1-(1)号様式

国内事業者用

適格請求書発行事業者の登録申請書

【1/2】

収受印

令和 ○ 年 △ 月 × 日

申請者	（フリガナ） 住 所 又 は 居 所 （法人の場合） 本 店 又 は 主 た る 事 務 所 の 所 在 地	トウキョウト シンジュクク イチガヤホンムラチョウ （〒 162 － 0845 ） （法人の場合のみ公表されます） 東京都新宿区市谷本村町○－△－× （電話番号 03－1234－××××）
	（フリガナ） 納 税 地	（〒 － ） 同 上 （電話番号 － － ）
	（フリガナ） 氏 名 又 は 名 称	コジン イチロウ 個人 一郎
	（フリガナ） （法人の場合） 代 表 者 氏 名	個人事業主のため記載不要
	法 人 番 号	

四谷 税務署長殿

この申請書に記載した次の事項（◉印欄）は、適格請求書発行事業者登録簿に登載されるとともに、国税庁ホームページで公表されます。
1 申請者の氏名又は名称
2 法人（人格のない社団等を除く。）にあっては、本店又は主たる事務所の所在地
　なお、上記1及び2のほか、登録番号及び登録年月日が公表されます。
　また、常用漢字等を使用して公表しますので、申請書に記載した文字とが公表される文字とが異なる場合があります。

下記のとおり、適格請求書発行事業者としての登録を受けたいので、所得税法等の一部を改正する法律（平成28年法律第15号）第5条の規定による改正後の消費税法第57条の2第2項の規定により申請します。
※ 当該申請書は、所得税法等の一部を改正する法律（平成28年法律第15号）附則第44条第1項の規定により令和5年9月30日以前に提出するものです。

令和5年3月31日（特定期間の判定により課税事業者となる場合は令和5年6月30日）までにこの申請書を提出した場合は、原則として令和5年10月1日に登録されます。

事 業 者 区 分	この申請書を提出する時点において、該当する事業者の区分に応じ、□にレ印を付してください。 □ 課税事業者　　　　☑ 免税事業者 ※ 次葉「登録要件の確認」欄を記載してください。また、免税事業者に該当する場合には、次葉「免税事業者の確認」欄も記載してください（詳しくは記載要領等をご確認ください。）。 開業時または、現在消費税の申告をしていない場合は、こちらにチェック
令和5年3月31日（特定期間の判定により課税事業者となる場合は令和5年6月30日）までにこの申請書を提出することができなかったことにつき困難な事情がある場合は、その困難な事情	
税 理 士 署 名	（電話番号 － － ）

※税務署処理欄	整理番号		部門番号		申請年月日	年 月 日	通信日付印 年 月 日	確認
	入力処理	年 月 日	番号確認		身元確認	□ 済 □ 未済	確認書類	個人番号カード／通知カード・運転免許証 その他（ ）
	登録番号	T						

注意 1 記載要領等に留意の上、記載してください。
　　 2 税務署処理欄は、記載しないでください。
　　 3 この申請書を提出するときは、「適格請求書発行事業者の登録申請書（次葉）」を併せて提出してください。

インボイス制度

【「適格請求書発行事業者の登録申請書（次葉）」の記載例】

国内事業者用

適格請求書発行事業者の登録申請書（次葉）

開業時から登録を受けるときはこちらにチェック

【2／2】

氏名又は名称

この申請書は、令和三年十月一日から令和五年九月三十日までの間に提出する場合に使用します。

該当する事業者の区分に応じ、□にレ印を付し記載してください。

免税事業者の確認	☑	令和5年10月1日から令和11年9月30日までの日の属する課税期間中に登録を受け、所得税法等の一部を改正する法律（平成28年法律第15号）附則第44条第4項の規定の適用を受けようとする事業者 ※ 登録開始日から納税義務の免除の規定の適用を受けないこととなります。

	個 人 番 号	○○○○○○○○○○○○			自 月 日
	生年月日（個人）又は設立年月日（法人）	○明治 ○大正 ○昭和 ●平成 ○令和 ○ 年 ○ 月 × 日	法人のみ記載	事 業 年 度	至 月 日
				資 本 金	円
	事 業 内 容	デザイナー		登録希望日	（令和5年10月1日を希望する場合、記載不要） 令和 年 月 日

☑	消費税課税事業者（選択）届出書を提出し、納税義務の免除の規定の適用を受けないこととなる課税期間の初日から登録を受けようとする事業者	課 税 期 間 の 初 日 ※ 令和5年10月1日から令和6年3月31日までの間のいずれかの日 令和 年 月 日

令和5年10月1日からでなく、令和6年1月1日から登録を受けようとする場合は、こちらにチェックを入れたうえで、課税期間の初日である令和6年1月1日と記入

登録要件の確認	課税事業者です。 ※ この申請書を提出する時点において、免税事業者であっても、「免税事業者の確認」欄のいずれかの事業者に該当する場合は、「はい」を選択してください。	☑ はい □ いいえ
	納税管理人を定める必要のない事業者です。 （「いいえ」の場合は、次の質問にも答えてください。）	☑ はい □ いいえ
	納税管理人を定めなければならない場合（国税通則法第117条第1項） 【個人事業者】 国内に住所及び居所（事務所及び事業所を除く。）を有せず、又は有しないこととなる場合 【法人】 国内に本店又は主たる事務所を有しない法人で、国内にその事務所及び事業所を有せず、又は有しないこととなる場合	
	納税管理人の届出をしています。 「はい」の場合は、消費税納税管理人届出書の提出日を記載してください。 消費税納税管理人届出書 （提出日：令和 年 月 日）	□ はい ☑ いいえ
	消費税法に違反して罰金以上の刑に処せられたことはありません。 （「いいえ」の場合は、次の質問にも答えてください。）	☑ はい □ いいえ
	その執行を終わり、又は執行を受けることがなくなった日から2年を経過しています。	□ はい □ いいえ

参考事項	**現在、すでに課税事業者となっている人** **免税事業者の場合で、今回、インボイス発行事業者の登録をする人**

第 **4** 章

消費税の申告と
税額計算の基本

Q 「消費税の申告はしないといけない気がする。でも、消費税って、いったいいつ申告するの?」
A 「それは、確定申告するんだよ」
Q 「確定申告は毎年してるよ。じゃあ、もしかして自動的に申告できてる?」
A 「ちがうちがう。所得税の確定申告と消費税の確定申告はべつ(笑)」
Q 「そんなに甘くないか……(泣)」

所得税と消費税の確定申告

消費税も、確定申告して納税しないといけないの？

●個人事業なら3月31日までに申告・納税

　個人事業・フリーランスの人は毎年、所得税の確定申告を行います。インボイス発行事業者の登録をすると、消費税の確定申告をすることになるので、消費税と所得税の確定申告を比べてみましょう。

【消費税の確定申告と所得税の確定申告】

	消費税	所得税
申告しないといけない人	課税事業者である個人事業・フリーランス	所得が基礎控除額以上ある個人事業・フリーランス
いつからいつの分を申告するのか	1月1日〜12月31日	1月1日〜12月31日
申告書の提出期限	翌年3月31日	翌年3月15日
納税の期限	翌年3月31日	翌年3月15日
納税の期限（口座振替の場合）	翌年4月下旬で所得税より数日後の日	翌年4月下旬

　「確定申告してる？」と聞かれた個人事業主がイメージするのは、一般的に所得税の確定申告です。個人事業から生ずる事業所得や、不動産賃貸をしている場合に生ずる不動産所得、公的年金を受け取っている場合の雑所得など、これらの所得に関して申告を行うのが、所得税の確定申告です。

　また、医療費がかかったときの医療費控除、生命保険料を支払ったときの生命保険料控除、ふるさと納税をした場合の寄附金控除といった所得控除も合わせて申告することで、正しい所得税の金額を申告するのも所得税の確定申告です。

● 消費税も確定申告する

これに対して、消費税の確定申告というものも存在します。

個人事業・フリーランスにとっての「確定申告」とは、毎年1月1日から12月31日までの期間を対象として、その期間内の課税対象となる取引を集計したうえで、税金を計算する際の算定基準である課税標準と呼ばれるものから、納税額を計算した申告書を税務署に提出して、納税額を確定するという意味です。

申告・納税の対象が所得税であろうと、消費税であろうと、住民税であろうと「確定申告」という言葉を使います。なお、確定申告以外の申告に何があるかというと、中間申告、修正申告、更正の請求といった言葉があります。これらも所得税・消費税ともに使う言葉です。

【申告の名称と、そのちがい】

- **中間申告**…年の中途で、その対象期間の申告を行うもの
- **修正申告**…提出済みの確定申告に対して、誤りがあったことにより、納税額が増える場合に、申告書を提出し直すもの
- **更正の請求**…提出済みの確定申告書に誤りを発見したことにより、納税額が減る場合に、その減ることにより生ずる還付金を国に対して請求して還付をしてもらうもの

> インボイス発行事業者に登録すると、消費税の課税事業者として消費税の申告・納税義務を負います。

消費税の中間申告

中間申告って初めて聞いたけど、どんなときにするものなの？

● 中間申告は前年の消費税額が多いときに行う

　基本的に消費税の申告（確定申告）は、1月1日から12月31日の分を、翌年3月31日までに行います。それとは別に、「中間申告」という制度が存在します。中間申告は、前年の税額が大きかった場合に、その対象期間の分の税額を仮で申告し、その仮で申告した金額をあらかじめ納付していく制度です。

　中間申告の回数は、前年の確定消費税額のちがいによって、次のように分けられます。

【中間申告の回数と税額】

前年の確定消費税額	48万円以下	48万円超400万円以下	400万円超4,800万円以下	4,800万円超
申告の回数	確定申告1回（中間申告不要）	確定申告1回中間申告1回	確定申告1回中間申告3回	確定申告1回中間申告11回
中間申告の税額	なし	前年の消費税額の約2分の1	前年の消費税額の約4分の1	前年の消費税額の約12分の1
納付回数	1年に1回	6か月に1回	3か月ごと	毎月

　開業当初は消費税額も少ないでしょうから中間申告を意識する必要はありませんが、事業が軌道に乗って納付する消費税額が増えてくると、中間申告を6か月に1回行うことになります。

　また、消費税額がさらに増えていくと、3か月を経過するごとに3回中間申告を行うことになります。さらに納税額が増えてくると毎月、中間申告と納税が必要となります。

　中間申告の計算方法については、次の2種類の方法が存在します。

【中間申告の区分】

- **仮決算に基づく場合**…仮決算の名のとおり、その該当する課税期間で仮決算を組んだうえで、通常と同様の形式で納税額を計算する方法
- **前年度実績による場合**…前年の消費税額を基準として、中間申告1回の場合は約半分、3回の場合は約4分の1、11回の場合は約12分の1で計算した金額を、中間申告税額として申告・納税する方法

　仮決算に基づく場合を選択した場合には、その課税期間を対象として実額を計算したうえで申告・納税をする必要があります。たとえば1年の半期、具体的に言うと1月1日から6月30日の分を集計して仮決算を行い、その6か月分を対象として消費税の申告書を作成して、ここで作成した申告書を元に納税をします。

　「年に何度も申告する時間なんてない」という声が聞こえてきそうですがご安心ください。
　簡易な方法として、2番目の「前年度実績による場合」があります。これは、前年の税額を基準として自動的に計算される方法です。年の途中でその年の集計をする必要もなく、その年の実績をベースに申告書を作成する必要もありません。税務署から、前年の消費税額の○分の1の金額が印字された納付書が送られてくるので、これを金融機関で納付します。
　さらに、申告書を提出する必要もありません。
　申告書を提出しなくても、したとみなされて納税額が確定するのが、「前年度実績による場合」です。

3 消費税の税率

消費税の税率は何％でしょう?

● 標準税率と軽減税率がある

　「消費税の税率は何％?」と聞かれたら、大多数の人が「10％」と答えるでしょう。この答えは正確ではありません。

　消費税の税率が８％から10％となったのが令和元年10月１日。その際に食料品等については従来の８％に据え置いたため、現在は標準税率10％、軽減税率８％の２つの税率があります。標準税率の10％は、国税である消費税率と、地方税である地方消費税率の２つを合わせて10％という税率になっています。

【消費税率の変化】

| | 平成元年
４月１日〜 | 平成９年
４月１日〜 | 平成26年
４月１日〜 | 令和元年10月１日〜 | |
				標準税率	軽減税率
消費税率	3%	4%	6.3%	7.8%	6.24%
地方消費税率		1%	1.7%	2.2%	1.76%
		消費税額の 25/100	消費税額の 17/63	消費税額の22/78	
合計	3%	5%	8%	10%	8%

　なお、標準税率10％と軽減税率８％を構成する、消費税率:地方消費税率の比をいずれも78:22とするために、従来の８％と軽減税率の８％では、構成する消費税率と地方消費税率が若干変更になっています。

● 軽減税率の対象となる取引

　では、ここから標準税率と軽減税率の区分を再確認しましょう。軽減税率の対象となる取引は、大きく分けて次の２種類です。

- 飲食料品の譲渡
- 定期購読契約が締結された週２回以上発行される新聞の譲渡

軽減税率の制度が開始されたときに、何が10％で、何が８％で…と一時的に非常に話題になったのは記憶に新しいところです。

　軽減税率の対象となる飲食料品の譲渡のイメージは下図のとおりです。

【軽減税率の対象となる飲食料品の譲渡のイメージ】

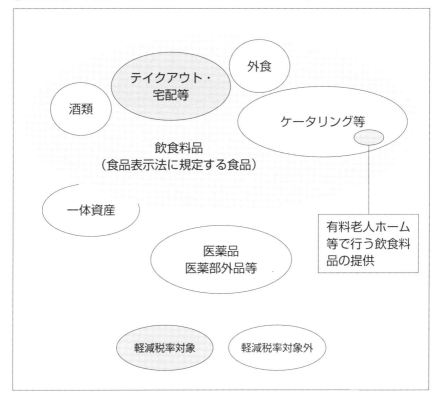

● 「飲食料品の譲渡」とはこういうもの

　外食とは、テーブル・椅子・カウンター等の設備のある場所において、飲食料品を飲食させる食事の提供をいいます。ですから、レストラン・カフェ・フードコートでの飲食料品の提供が該当します。

　ショッピングセンターのフードコートのテーブル・椅子等の設備はショッピングセンター自体が設置していることが多いですが、いくら所有者が異なるからといっても、飲食設備のある場所での食事の提供に該当

するので、軽減税率の対象外となります。

　逆に、公園の近くに停めたキッチンカーから購入した人が公園のベンチを利用して食べたり飲んだりしますよね。公園のベンチが誰でも利用できる場合には、そのベンチは飲食設備には該当せず、食事の提供には当たらないため、飲食料品の譲渡として軽減税率の対象となります。

　また、飲食料品とは、食品表示法に規定する食品で、人の飲食用の用途に提供されるものが対象です。工業用の原材料や、人以外の飲食用に提供されるものは対象外です。

　一体資産とは、紅茶とティーカップのセット商品のように、食品と食品以外をセット販売しているものをいい、税抜価格が1万円以下、かつ、食品の価額の割合が3分の2以上を占めるものが、セットとして軽減税率の対象となります。

　最近、価格の上昇によりコストが非常に気になっているものに包装資材や容器があります。包装資材や容器について、飲食料品の販売での必需品となるものは、包装資材や容器も含めて軽減税率の対象となります。

　これに対し、贈答用の包装など、包装資材の価格を別途定めている場合の、その包装資材の代金は軽減税率の対象とはなりません。

　ケータリングとは、顧客が指定した場所で、飲食料品の提供をすることをいいます。その場で盛り付けや取り分け等の役務の提供をしてくれるのですから軽減税率にはならないですよね。

　ただし、「顧客が指定した場所で」といっても、老人ホームや高齢者住宅の要介護・要支援認定を受けた人に対して飲食料品を提供したり、児童・生徒のすべてに学校給食として飲食料品を提供する場合は軽減税率の対象として取り扱われます。

　その他、軽減税率と標準税率の対象となる取引を区分する例を次のページに示しておきます。

【軽減税率と標準税率の対象の例】

〈軽減税率（8％）〉

- 牛丼店・ハンバーガー店等の テイクアウト
- 蕎麦屋の出前
- PIZZA屋の宅配
- 屋台での飲食料品の持ち帰り 販売
- コンビニ・惣菜店での持ち帰 り販売
- ウォーターサーバーで使用す る水の販売
- ノンアルコールビール・甘酒 の販売
- 食用の活魚の販売
- コーヒーの生豆の販売
- 種子であっても、おやつや製 菓の材料となるかぼちゃの種 等
- 食品添加物として販売される 金箔の販売
- 自動販売機でのジュース・パ ン等の販売
- 飲食料品のネット販売

〈標準税率（10％）〉

- 牛丼店・ハンバーガー店等の 店内飲食
- 蕎麦屋の店内飲食
- PIZZA屋の店内飲食
- フードコートでの飲食
- コンビニ・惣菜店でのイート インコーナーでの飲食
- ウォーターサーバーのレンタ ル
- ドライアイス、保冷用の氷の 販売
- 酒類（アルコール分が1度以 上のもの）の販売
- 畜産業における肉用牛、食用 豚等の販売
- 観賞用の熱帯魚の販売
- 家畜の飼料やペットフードの 販売
- 果物の苗木・種子
- 清掃用の重曹の販売
- いちご狩り・梨狩り等の入園 料

> 食べ物の出前・持ち帰りは軽減税率が適用されます。

原則課税（一般課税）は、どんなしくみになっているの？

●消費税の求め方

　ここまでは、理解しやすさを重視して、消費税の基本的な算式を、

納める消費税＝預かった消費税－支払った消費税

と表現してきましたが、ここからは消費税法に沿った形で説明していきます。すなわち、消費税の基本的な算式は、

消費税の納税額
　　＝課税売上高に係る消費税額－仕入控除税額

となります。

　一気にむずかしくなったと感じられるかもしれませんが、全然不安に思う必要はありません。算式の右辺の最初の項、「課税売上高に係る消費税額」とは、26ページでみた消費税の課税対象となる取引から生じた売上高や雑収入として受け取った消費税のことを表します。

　そして、「支払った消費税」という表現が、「仕入控除税額」という聞きなれない言葉に代わっただけです。

　ここで、課税売上高に係る消費税額から、仕入れや経費にかかった消費税を控除するしくみのことを「仕入税額控除」、そして、仕入税額控除として差し引く税額のことを「仕入控除税額」といいます。

【仕入税額控除と仕入控除税額】

仕入税額控除…仕入れ・経費にかかった消費税を控除するしくみのこと

仕入控除税額…実際にマイナスする税額のこと

● 原則課税（一般課税）の大まかなしくみ

　消費税の原則的な計算方法のことを、原則課税あるいは一般課税と呼びます。国税庁のホームページや税務署で、消費税の申告書の用紙や、「消費税及び地方消費税の確定申告の手引き」を探したときに、「一般用」と書かれているのが、この計算方法です。

【原則課税（一般課税）の計算方法の概略】

1. 会計帳簿における勘定科目ごとに、消費税の課税の対象となるものと、ならないものとを区分し、それぞれの金額を集計する
2. 売上や雑収入など課税売上高を集計し、消費税分として預かった額を計算する
3. 仕入や経費などの課税仕入高を集計し、消費税分として支払った額を計算する
4. 課税売上高に係る消費税額から、課税仕入高に係る消費税額をマイナスすることで、納税額を計算する

　原則課税（一般課税）は、1月1日〜12月31日の会計帳簿を作成したら、勘定科目ごとに、消費税の課税の対象となるものと、課税の対象とならないものを区分し、それぞれの金額を集計することからはじめます。

　なお、消費税の課税の対象となるための4要件は下記のとおりです。具体的な要件の説明は26〜27ページにありますので、そちらをご参照ください。

【消費税の課税の対象となる4要件】

- 国内において行う取引であること
- 事業者が、事業として行う取引であること
- 対価を得て、行う取引であること
- 資産の譲渡、資産の貸付け、役務の提供のいずれかであること

● 「課税売上高」を考える

会計帳簿を作成した段階で、課税売上高に該当する勘定科目としては、次の3つが挙げられます。

- 売上高
- 雑収入（事業付随収入）
- 固定資産売却益・固定資産売却損

課税「売上高」という名前のとおり、これらの勘定科目はいずれも、お金が入ってくる科目です。

これらの中身をみて、前ページの【消費税の課税の対象となる4要件】を満たす取引の金額を足し算して合計金額を求めます。

【課税売上高になる勘定科目】

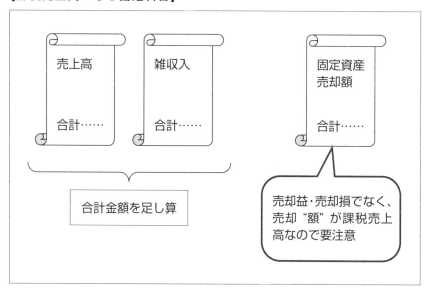

● 「課税売上高計算表」を活用する

課税売上高を計算するにあたって、「課税売上高計算表」というものを活用します。

これは、個人事業・フリーランスが、事業所得や不動産所得といった

各所得から発生した課税売上高を記入すると同時に、業務用の固定資産の売却額を記載することで、漏れなく課税売上高の集計をすることが可能となるものです。

● 「課税仕入れ」というものを理解する

「仕入控除税額」は、消費税の納税額から差し引くことができるもので、その課税期間中に国内で行った課税仕入れに係る消費税額をいいます。ここで、課税売上高に相対する言葉として、課税仕入れという言葉が登場します。

【課税仕入れとは】

> 課税仕入れとは、事業者が、事業として他の者から資産を譲り受け、資産を借り受け、または、役務の提供を受けることをいいます。

● 「課税仕入高」を算出する

さて、この課税仕入れは、会計帳簿に記載された取引について、勘定科目ごとに、課税仕入れに該当するものと、該当しないものに区別し、それぞれの合計金額を計算します。勘定科目ごとに求められた課税仕入れの金額を足し合わせることで、全体の課税仕入高を算出することになります。

この流れをイメージしやすくまとめたのが、次ページ図となります。

実際には、勘定科目ごとの集計をするための「課税取引金額計算表」を作成し、そこから転記することで「課税仕入高計算表」を作成します。

【課税仕入高を具体的に集計する際のイメージ図】

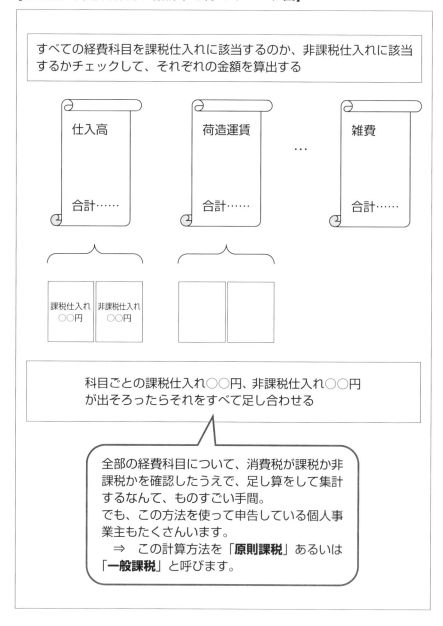

すべての経費科目を課税仕入れに該当するのか、非課税仕入れに該当するかチェックして、それぞれの金額を算出する

仕入高

合計……

荷造運賃

合計……

…

雑費

合計……

課税仕入れ
○○円

非課税仕入れ
○○円

科目ごとの課税仕入れ○○円、非課税仕入れ○○円が出そろったらそれをすべて足し合わせる

全部の経費科目について、消費税が課税か非課税かを確認したうえで、足し算をして集計するなんて、ものすごい手間。
でも、この方法を使って申告している個人事業主もたくさんいます。
　⇒　この計算方法を「**原則課税**」あるいは「**一般課税**」と呼びます。

消費税の計算方法　原則課税②

原則課税は、
どのあたりに手間がかかるの？

● 原則課税では必要な帳票が多い

　原則課税により消費税の申告書を作成するまでの流れを説明します。下記の３つの帳票は、課税売上高と課税仕入高算出のために作成しますが、実際に税務署に提出する必要はありません。作成してご自身で保存しておいてください。

【申告書作成のために活用する帳票（実際には提出不要）】

- 課税売上高計算表
- 課税取引金額計算表
- 課税仕入高計算表

　これら３つの帳票を使って実際に作成が必要となるのが、次の４つの帳票で、これらの帳票作成の流れを図にしたのが、76〜77ページの図です。

【原則課税の場合に提出が必要な帳票】

- 付表２−３　課税売上割合・控除対象仕入税額等の計算表
- 付表１−３　税率別消費税額計算表　兼　地方消費税の課税標準となる消費税額計算表
- 消費税申告書　第二表
- 消費税申告書　第一表

【原則課税における申告書作成の流れ】

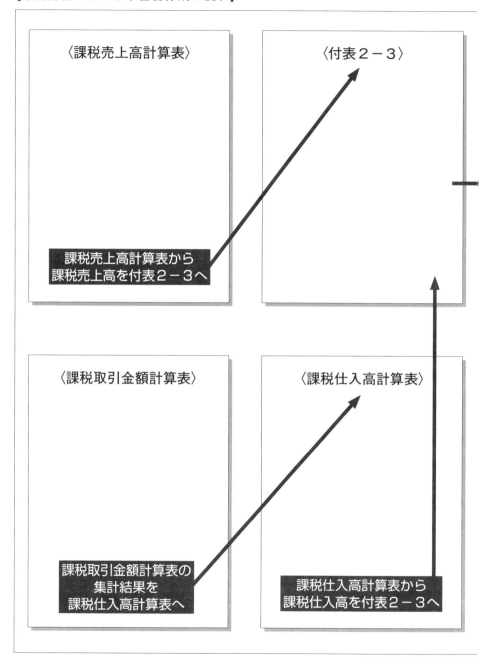

〈課税売上高計算表〉

課税売上高計算表から
課税売上高を付表2−3へ

〈付表2−3〉

〈課税取引金額計算表〉

課税取引金額計算表の
集計結果を
課税仕入高計算表へ

〈課税仕入高計算表〉

課税仕入高計算表から
課税仕入高を付表2−3へ

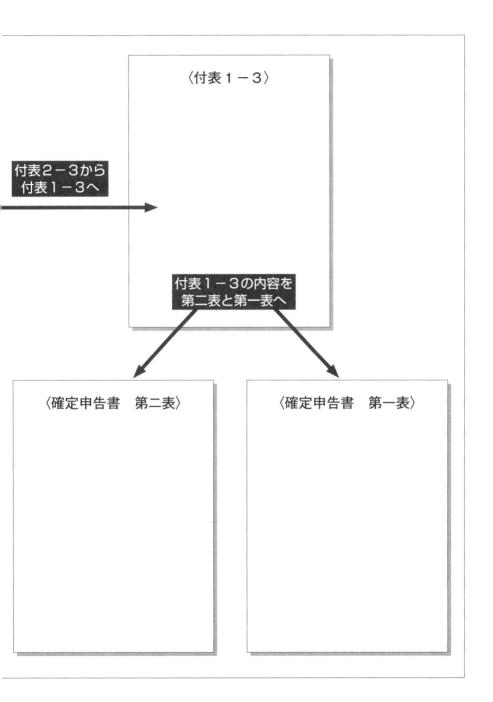

原則課税の大まかな流れを説明すると次のとおりです。

1. 「課税売上高計算表」から算出した課税売上高を付表2－3へ転記する
2. 「課税取引金額計算表」を集計した結果を「課税仕入高計算表」へ転記する
3. 「課税仕入高計算表」の結果を、付表2－3へ転記する
4. 付表2－3の結果を、付表1－3へ転記する
5. 付表1－3の内容を個別に申告書第二表、申告書第一表へ転記する

● 原則課税はいろいろな手間がかかる

原則課税の計算は、次のような特色があります。

① 代金の入っている課税売上高の集計と、代金を支払う課税仕入高の集計という、両方の集計が必要となる
② 代金を支払う課税仕入高について、課税取引なのか、非課税取引なのかを1件ずつ区分したうえでないと、課税仕入高を集計することができない

原則課税の特色は、消費税の課税取引と非課税取引を1つずつ区分することが必要になる点が挙げられます。特に、帳簿を手書きで作成している場合には集計に多大な労力を要することになるため、パソコンの会計ソフトを利用することが近道なのは間違いありません。ただ、会計ソフトを利用する場合でも、1件ずつ、課税・非課税を区別しながら入力することは避けて通ることができません。

初めて消費税の申告をする個人事業・フリーランスの方にとって、これらの集計や入力作業は非常に負担が大きいと思います。そのため、本書で主な読者対象としている小規模事業者の多くは、簡易課税や「2割特例」という非常に容易な方法を活用するのではないでしょうか。

第 **5** 章

簡易課税のしくみ

Q 「原則課税のための集計って、誰がやるの？」
A 「もちろん、あなた自身ですよ」
Q 「こんなに忙しいのに、そんなのできるわけない。じゃあ、申告しないっ」
A 「ちょと待った〜。簡易なやり方があるんですよっ、お客さんちょっと聞いていかない？」

原則課税より手間がかからない 「簡易課税」とはどんなもの?!

●手間がかからない簡易課税

　消費税の計算方法には、先ほどの原則課税（一般課税）の他に、1つ、「簡易課税」と呼ばれる方法があります。

　原則課税では、すべての経費科目について課税か非課税か区分・集計した金額を課税売上高に係る消費税から差し引いて納税額を求めましたが、簡易課税は文字どおり「簡易的に計算した金額」を控除して納税額を計算する方法です。

【消費税の納税額の計算式】

〈原則課税〉
消費税の納税額
　　　＝課税売上高に係る消費税額−仕入控除税額
〈簡易課税〉
消費税の納税額
　　　＝課税売上高に係る消費税額
　　　　　　　−課税売上高に係る消費税額×みなし仕入率

　原則課税と簡易課税のちがいは、マイナスのあとの部分です。簡易課税では、「課税売上高に係る消費税額×みなし仕入率」となっています。簡易課税は、課税仕入れとなるものについての集計など一切行いません。みなし仕入率の説明は置いておいて、使うのは「課税売上高に係る消費税額」のみです。

　課税売上高を集計し、その課税売上高に係る消費税額を求め、そこに「みなし仕入率」を掛けたものを課税売上高に係る消費税額から差し引き、消費税の納税額としましょう、というのが簡易課税です。

原則課税に比べて、計算がまさに、"簡易"なことがおわかりいただけるでしょうか。

【簡易課税で確認するのは、課税売上高だけ！】

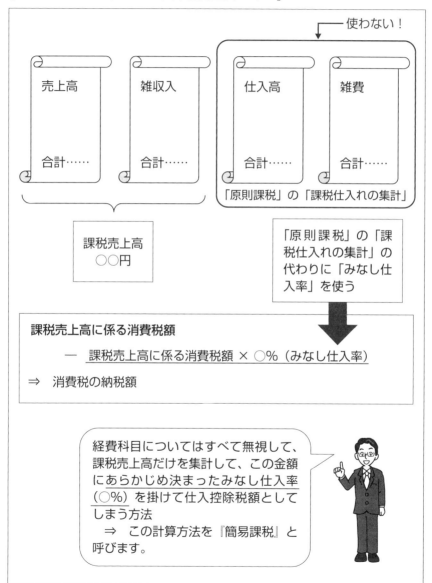

2 簡易課税の適用
簡易課税を使って申告するためには、どんな条件があるの?

●簡易課税を使える条件がある

　すべての個人事業主が、無条件に簡易課税を適用できるわけではありません。簡易課税というのは、あらかじめ、自分が選択して届出書を出して初めて採用することができる計算方法で、届出書を提出しない場合には第4章で説明した原則課税の方法で計算しなければなりません。

【簡易課税を使うための要件】

- 提出する書類…「消費税簡易課税制度選択届出書」
- 提出先…納税地の所轄税務署長
- 提出期限…基本的には、簡易課税を適用したい年の、前年の年末まで

　提出する書類は、「**消費税簡易課税制度選択届出書**」というものです。消費税の課税事業者になることを選ぶ場合に提出する「消費税課税事業者選択届出書」とはちがいます。今回提出したいのは、消費税の計算方法で"簡易課税を選ぶため"の届出書です。

【「消費税簡易課税制度選択届出書」の提出期限】

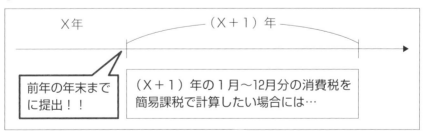

　提出期限は、来年（X＋1年）分の消費税の計算を簡易課税によって行いたい場合には、今年（X年）の年末までに提出するのが基本です。

税務署は年末年始がお休みですが、年明けの1月4日に提出すると年末までに提出したことにはならないので、簡易課税の適用はその翌年分からとなってしまいます。届出書は必ず早めに提出してください。

　なお、先ほど、提出期限について、「基本です」と表現したのは、次のような特例的な取扱いがあるからです。

【免税事業者がインボイス発行事業者登録をする場合の提出期限】

> 免税事業者がインボイス発行事業者の登録申請をして、
> 登録を受けた課税期間から簡易課税の適用を受けたい場合
> …「消費税簡易課税制度選択届出書」を
> 　その課税期間中に提出すれば、その課税期間から適用できる

　免税事業者が令和5年10月1日からインボイス発行事業者の登録を行い、初年度である令和5年分の消費税の申告から簡易課税の適用を受けたい場合には、令和5年12月31日が提出期限となります。令和6年以降にインボイス発行事業者の登録を行う場合には、その登録日の属する年末までに提出することが要件となります。

　「消費税簡易課税制度選択届出書」を提出期限までに提出したうえで、簡易課税を使うための大事な要件がもう1つあります。

● 課税売上高が5,000万円超だと簡易課税は使えない

　基準期間（2年前）の課税売上高が5,000万円超の年は、簡易課税を使うことができません。これがもう1つの要件です。消費税の申告書をつくったときに、課税売上高が5,000万円を超えたら、「2年後は簡易課税が使えないんだなあ」と認識してください。

　ただ、その次の年の基準期間の課税売上高が5,000万円以下となれば、その2年後については簡易課税を使うことができます。

　つまり、「消費税簡易課税制度選択届出書」を提出してあれば、基準期間の課税売上高によって、年ごとに簡易課税が使えたり、使えなかったりを繰り返していくことになります。

「消費税簡易課税制度選択届出書」の書き方
「消費税簡易課税制度選択届出書」を記入するときのポイントは?

● 「消費税簡易課税制度選択届出書」の書き方

次ページの「消費税簡易課税制度選択届出書」を記入します。

【「消費税簡易課税制度選択届出書」の記載順序】

1. 納税地・氏名を記入
2. インボイス発行事業者の登録初年度から簡易課税の適用を受けたい場合には、□チェックボックスにチェック
3. ①「適用開始課税期間」欄に、適用を受けたい年を記入
4. ②「①の基準期間」欄に、その2年前の期間を記入
5. ③「②の課税売上高」欄に、②の年の課税売上高を記入
6. 「事業内容等」欄に、事業の内容と、事業の区分が86ページの表の中で、第何種に当たるかを記入

　インボイス発行事業者の登録をする初年度から消費税の簡易課税を選択する場合には、①「適用開始課税期間」欄の上の、

□所得税法等の一部を改正する法律（平成28年法律第15号）附則第51条の2第6項の規定又は消費税法施行令等の一部を改正する政令（平成30年政令第135号）附則第18条の規定により消費税法第37条第1項に規定する簡易課税制度の適用を受けたいので、届出します。

のチェックボックスにチェックを入れてください。本来であれば前年の年末までに「消費税簡易課税制度選択届出書」を提出しないといけないところ、登録日の属する課税期間中に提出して簡易課税の適用を受けますよということをアピールするためのチェック欄となっています。

【「消費税簡易課税制度選択届出書」の記載例】

第9号様式

消費税簡易課税制度選択届出書

収受印

令和 5 年 12 月 1 日	届出者	（フリガナ）	トウキョウトシンジュククイチガヤホンムラチョウ
		納 税 地	（〒 162 − 0845） 東京都新宿区市谷本村町〇−△−× （電話番号 03 − 1234−××××）
		（フリガナ）	コジン　イチロウ
__四谷__税務署長殿		氏 名 又 は 名 称 及 び 代 表 者 氏 名	個人 一郎　※個人の方は個人番号の記載は不要です。
		法 人 番 号	

下記のとおり、消費税法第37条第1項に規定する簡易課税制度の適用を受けたいので、届出します。

☑ 所得税法等の一部を改正する法律（平成28年法律第15号）附則第51条の2第6項の規定又は消費税法施行令等の一部を改正する政令（平成30年政令第135号）附則第18条の規定により消費税法第37条第1項に規定する簡易課税制度の適用を受けたいので、届出します。

（左欄）インボイス発行事業者の登録初年度から簡易課税の適用を受けたいときはこちらにチェック

①	適用開始課税期間	自 令和 5 年 10 月 1 日	至 令和 5 年 12 月 31 日
②	①の基準期間	自 令和 3 年 1 月 1 日	至 令和 3 年 12 月 31 日
③	②の課税売上高		8,000,000 円

（右欄）①「適用開始課税期間」の2年前の期間を記入

| 事 業 内 容 等 | （事業の内容）　デザイナー | 第 5 種事業 |

86ページの表を参照して記入

提 出 要 件 の 確 認	次のイ、ロ又はハの場合に該当する （「はい」の場合のみ、イ、ロ又はハの項目を記載してください。）		はい □　いいえ □
	イ	消費税法第9条第4項の規定により課税事業者を選択している場合	課税事業者となった日	令和	年	月	日
			課税事業者となった日から2年を経過する課税期間中に調整対象固定資産の課税仕入れ等を	はい □
	ロ	消費税法第12条の2第1項に規定する「新設法人」又は同法第12条の3第1項に規定する「特定新規設立法人」に該当する（該当していた）場合	設立年月日	令和	年	月	日
			基準期間がない事業年度に含まれる各課税期間中に調整対象固定資産の課税仕入れ等を行っていない	はい □
	ハ	消費税法第12条の4第1項に規定する「高額特定資産の仕入れ等」を行っている場合（同条第2項の規定の適用を受ける場合）	仕入れ等を行った課税期間の初日	令和	年	月	日
			A この届出による①の「適用開始課税期間」は、高額特定資産の仕入れ等を行った課税期間の初日から、同日以後3年を経過する課税期間までの各課税期間に該当しない	はい □
		（仕入れ等を行った資産が高額特定資産に該当する場合はＡ欄を、自己建設高額特定資産に該当する場合は、Ｂ欄をそれぞれ記載してください。）	仕入れ等を行った課税期間の初日	○平成 ○令和	年	月	日
			建設等が完了した課税期間の初日	令和	年	月	日
			B この届出による①の「適用開始課税期間」は、自己建設高額特定資産の建設等に要した仕入れ等を行った課税期間の初日から、自己建設高額特定資産の建設等が完了した課税期間の初日以後3年を経過する課税期間までの各課税期間に該当しない	はい □

※ 消費税法第12条の4第2項の規定による場合は、ハの項目を次のとおり記載してください。「①自己建設高額特定資産」を「調整対象自己建設高額資産」、「仕入れ等を行った」は、「消費税法第36条第1項又は第3項の規定の適用を受けた」と読み替える。

※ この届出書を提出した課税期間が、上記イ、ロ又はハに記載の各課税期間である場合、この届出書提出後、届出を行った課税期間中に調整対象固定資産の課税仕入れ等又は高額特定資産の仕入れ等を行うと、原則としてこの届出書の提出はなかったものとみなされます。詳しくは、裏面をご覧ください。

| 参 考 事 項 | |
| 税 理 士 署 名 | （電話番号　　−　　−　　） |

※税務署処理欄	整理番号		部門番号	
	届出年月日	年 月 日	入力処理	年 月 日	台帳整理	年 月 日
	通信日付印　確認	年 月 日	番号確認	

注意　1．裏面の記載要領等に留意の上、記載してください。
　　　2．税務署処理欄は、記載しないでください。

「提出要件の確認」の欄にチェックが入るのは、以下の場合です。
イ　消費税課税事業者選択届出書を、自ら進んで提出してある場合
ロ　法人だけ
ハ　高額特定資産（100万円以上の固定資産）を取得して原則課税の方法で消費税の申告を行った場合

簡易課税の「みなし仕入率」とは どんなもの？

● 「みなし仕入率」は事業の内容で決まっている

　簡易課税では「みなし仕入率」というものが使われています。みなし仕入率というのは、業種によって仕入れにかかる費用の割合を大雑把にまとめたもので、課税売上高に対して仕入控除税額が○％くらいだろうとみなして、納付すべき消費税を計算するために使われます。

　たとえば、仕入れの費用割合の低いデザイナーと、仕入れの費用割合の高い卸売業を同じ仕入率で計算させるのは不公平なので、デザイナーはサービス業等として50％、卸売業は90％などのように、事業の内容によって40〜90％の6段階で区分されています（下表を参照）。

【事業区分とみなし仕入率】

	事業の内容	事業区分	みなし仕入率
卸売業	購入した商品を性質、形状を変更しないで、他の事業者に販売する事業	第1種	90%
小売業	購入した商品を性質、形状を変更しないで、消費者に販売する事業。なお、製造小売業は第3種	第2種	80%
製造業等	農業、林業、漁業、鉱業、建設業、製造業、電気業、ガス業、熱供給業、水道業。なお、加工賃を受け取って役務を提供する事業は第4種	第3種	70%
その他の事業	第1種〜第3種、第5種、第6種のいずれにも該当しない事業。たとえば、飲食サービス業	第4種	60%
サービス業等	運輸・通信業、金融保険業、サービス業。なお、飲食サービス業は第4種	第5種	50%
不動産業	不動産業	第6種	40%

　なお、上表の「小売業」にある「製造小売業」とは、たとえば製造したケーキを店頭販売するような場合をいいます。製造したケーキは店頭で販売するので小売業である第2種のように感じますが、製造小売業として第3種に該当します。

材料を自ら購入して、これに加工を加えて、製品を完成させて販売する場合には第3種の製造業に該当し、材料を元請業者から無償支給を受ける場合のように、材料を自ら購入しないで、加工賃を受け取って役務を提供する事業は第4種に該当します。

●みなし仕入率は事業区分によって一律

　個人事業・フリーランスそれぞれで粗利率はちがうので、

小売業Aさん

「私は粗利率15％しか乗せていないから、みなし仕入率100％－15％＝85％で計算していいよね？」

デザイナーBさん

「私は仕入れがほとんどないし、外注先も使っていないから、粗利率はほぼ100％。私の場合のみなし仕入率は何％なの？」

といった疑問が生じてきますが、簡易課税では、業種によってみなし仕入率があらかじめ設定され、個々の人の事情は考慮に入れません。

　たとえば、税抜きの課税売上高1,000万円のライター・デザイナーは、簡易課税のサービス業等に該当し、事業区分では第5種です。この場合の消費税の納税額は、

【課税売上高1,000万円のライター・デザイナーの納税額】

消費税の納税額
　　＝課税売上高に係る消費税額－課税売上高に係る消費税額×
　　　みなし仕入率
　＝1,000万円×10％－100万円×50％
　＝100万円－50万円
　＝50万円

と計算されます。課税売上高に係る消費税額から、そのうちのみなし仕入率（この例では50％）に対応する部分を引いた残りを納めるのが簡易課税です。

2種類以上の事業を行っている場合、みなし仕入率はどうなるの?

●事業区分ごとの課税売上高がわかるのが大切

　1つの事業だけであれば、前項で説明したとおりにみなし仕入率を適用して計算すればいいですが、2種類以上の事業を行っている人もいます。Cさんから、次のような質問がありました。

>
> Cさん
>
> 「私は、宝石店を経営しているのですが、同時に、ジュエリーデザイナーとしての売上もあります。この場合のみなし仕入率はどうなるの?」

　この場合、次のようにしてみなし仕入率を求めます。

【2種類以上の事業を営む場合のみなし仕入率の計算方法】

① 事業区分ごとに課税売上高を区分する
② 事業区分ごとの、課税売上高に係る消費税額を算出する
③ 次の算式に、該当する課税売上高に係る消費税額を入力する

$$みなし仕入率 = \frac{\begin{array}{l}第1種事業に係る消費税額×90\% \\ +第2種事業に係る消費税額×80\% \\ +第3種事業に係る消費税額×70\% \\ +第4種事業に係る消費税額×60\% \\ +第5種事業に係る消費税額×50\% \\ +第6種事業に係る消費税額×40\%\end{array}}{\begin{array}{l}第1種事業に係る消費税額 \\ +第2種事業に係る消費税額 \\ +第3種事業に係る消費税額 \\ +第4種事業に係る消費税額 \\ +第5種事業に係る消費税額 \\ +第6種事業に係る消費税額\end{array}}$$

一見すると非常にややこしそうな感じがしますが、6種類すべての事業を行っている個人事業・フリーランスを私はいままで見たことはありません。該当する部分だけ抜き出してみましょう。

　みなし仕入率を使用する場合には、事業区分ごとに課税売上高を集計することが必須となります。先ほどのCさんの事例では、次のように事業区分ごとの年間の合計金額が算出されたとして考えてみましょう。

【宝石店経営兼デザイナーのCさんの事例】

① 宝石を販売した小売業の売上：600万円（別途消費税60万円）
② ジュエリーデザイナーとしてのデザイン業の売上：200万円（別途消費税20万円）
③ 合計：800万円

　この場合、宝石販売の小売業の売上は第2種事業、ジュエリーデザイナーとしてのデザイン業の売上は第5種事業と区分されます。これをみなし仕入率を算出する前ページの算式に代入します。

【Cさんの事例でのみなし仕入率の計算方法】

$$\text{みなし仕入率} = \frac{\text{第2種事業に係る消費税額(60万円)} \times 80\% + \text{第5種事業に係る消費税額(20万円)} \times 50\%}{\text{第2種事業に係る消費税額 (60万円)} + \text{第5種事業に係る消費税額 (20万円)}} = 72.5\%$$

　計算の内容は、事業区分ごとの加重平均を求めているだけです。計算式から、みなし仕入率は72.5%と求めることができました。ただし、これで決まりではありません。次項で説明する「みなし仕入率の特例」が適用できるかどうかを確認したほうが、納税額が少なくなる場合があります。

　Cさんの納税額は94ページをご参照ください。

「みなし仕入率の特例」とは どんなもの?

● 「みなし仕入率の特例」の適用を検討する

　2種類以上の事業を行っていても、1つの事業がほとんどの売上を占めている場合はよく見受けられます。このような場合に役立つのが「みなし仕入率の特例」（通称「75％ルール」）です。

【2種類以上の事業を営む場合のみなし仕入率の特例（「75％ルール」）】

　2種類以上の事業区分を営む場合、主な事業区分の課税売上高が、全体の75％以上である場合、その主な事業区分のみなし仕入率を適用することができる

　先ほどの宝石店経営兼デザイナーのCさんの事例に、「75％ルール」を適用できるか検証してみます。

【Cさんに「75％ルール」を適用できるか】

① 小売業（第2種事業）の課税売上高：600万円
② デザイン業（第5種事業）の課税売上高：200万円　
③ 合計：800万円
この中で、主な事業区分は第2種事業であるので、
　　　600万円÷（600万円＋200万円）＝75％
と75％以上で、みなし仕入率の特例の基準を満たすので、この場合、主な事業区分（第2種事業）のみなし仕入率80％を適用できる

● 「みなし仕入率の特例」による仕入率とみなし仕入率を比べる

　Cさんの場合は、全体の課税売上高（800万円）に対する主な事業（小売業）の割合が75％（≧75％）なので、「みなし仕入率の特例」を適用

することができます。この特例による小売業のみなし仕入率（80％）と、前項で計算したみなし仕入率（72.5％）を比較して、高いほうのみなし仕入率（80％）で納税額を計算することができます。

　ここで、「できる」と表現したのは、みなし仕入率の特例によって算出したみなし仕入率を使うか使わないかは自由だからです。

　次に説明する鮮魚店を営むＤさんのように、原則どおりのみなし仕入率を採用したほうが納税額が少なくなる場合もあります。このような場合には、あえてみなし仕入率の特例を使う必要はありません。

【鮮魚店で、卸売業と小売業を営むＤさんのケース】

　Ｄさんは鮮魚店経営（軽減税率８％適用）
① 卸売業（第１種事業）の課税売上高：135万円（別途消費税108,000円）
② 小売業（第２種事業）の課税売上高：765万円（別途消費税612,000円）
③ 合計：900万円（別途消費税72万円）

〈原則〉

$$\text{みなし仕入率} = \frac{\text{第１種事業に係る消費税額（108,000円）×90％} + \text{第２種事業に係る消費税額（612,000円）×80％}}{\text{第１種事業に係る消費税額（108,000円）} + \text{第２種事業に係る消費税額（612,000円）}} = 81.5\%$$

〈特例〉

　２つの事業のうち、主な事業区分となる第２種事業の占める割合は、
765万円 ÷（135万円 + 765万円）= 85％ ≧ 75％
となり、みなし仕入率の特例を使うことができる。

　ここで、〈原則〉による81.5％ ＞〈特例〉による80％となることから、〈原則〉による81.5％を採用したほうがトクになる。
　〈原則〉による納税額 = 72万円 − 72万円 × 0.815 = 133,200円⇒国税分・地方税分の端数処理の関係で、納税額は133,000円

事業の種類を区分してない場合には、みなし仕入率を使った計算はできないの?

● 「みなし仕入率」を使うための大前提

　ここまで説明してきたみなし仕入率を使うためには、大前提があります。それは、売上を事業の区分ごとに記帳していることです。ある意味、当然ですよね。事業ごとに区分していなければ、事業ごとの課税売上高の集計などできませんからね。

　では、売上を区分しているとは、どういう意味かというと、

【事業の区分ごとの記帳】

① 会計帳簿に、事業の区分ごとに、それぞれ記帳する方法
② 納品書・請求書などに事業の区分が判別できる内容を記載しておいて、それぞれの事業の区分ごとに集計する方法
③ 店舗や事業所ごとにそれぞれ事業の区分が異なる場合には、その店舗や事業所ごとに集計する方法

となります。消費税の確定申告作成時のドタバタを考えると、あらかじめ、事業の区分ごとに帳簿に記入する方法をおススメします。

　具体的には、帳簿を付けるときに売上の金額を事業の区分ごとに記帳し、あとで集計できるようにするだけです。簡易課税は事業の区分ごとの合計金額を把握することができれば充分です。宝石店経営兼デザイナーのＣさんの場合なら、次ページの表のように、小売業としての売上が年間いくら、デザイン業としての売上が年間いくらとわかるように区別して記帳していきましょう。

　会計ソフトを使用する場合には、事業の区分ごとに科目コードを設定して、事業の区分ごとの売上を一瞬で把握できるようにしておくほうが、最初は手間ですが、後々、簡単に集計することができます。

【事業の区分ごとに記帳した売上帳の例】

月日	摘要	事業の区分ごとの売上		合計金額
		小売業 (第2種事業)	デザイン業 (第5種事業)	
	：			
12月1日	○○様　▲▲	1,000,000		
	：			
12月20日	㈱○○宝石店　デザイン料		100,000	
12月24日	○○時計店　デザイン料		200,000	
	12月分累計	1,000,000	300,000	
	合計	6,000,000	2,000,000	8,000,000

● 事業の区分ごとの記帳を行っていないとき

　事業の区分ごとの記帳を行っていない場合には、

　行っている事業の区分の中で、最も低いみなし仕入率を適用する

ことになります。みなし仕入率は、高いほうが税額が少なくなってトク
なので、最も低いみなし仕入率になるのは避けたいところです。

　先ほどの宝石店経営兼デザイナーのCさんと、鮮魚店経営のDさんが
事業の区分ごとに記帳を行っていない場合、次のようになります。

小売業（第2種事業）みなし仕入率80%
デザイン業（第5種事業）みなし仕入率50%
⇒　低いほう（50%）で計算しないといけない（泣）

Cさん

卸売業（第1種事業）みなし仕入率90%
小売業（第2種事業）みなし仕入率80%
⇒　低いほう（80%）で計算する

Dさん

　みなし仕入率80%と50%の差は大きいですよ。Cさんの場合で実際に
比較するので確認してください。

【宝石店経営兼デザイナーのＣさんが事業の区分ごとの記帳をしていたかどうかによる納税額の比較】

① 事業の区分ごとの記帳を行っていて、90ページより、第２種事業に係る課税売上高＝75％≧75％のため、主な事業区分（第２種事業）のみなし仕入率80％を適用できる場合

課税売上高に係る消費税額＝60万円＋20万円＝80万円
課税売上高に係る消費税額×みなし仕入率＝80万円×80％＝64万円
納税額＝80万円－64万円＝16万円

② 事業の区分ごとの記帳を行っていなかった場合
　第２種事業（80％）と第５種事業（50％）のうち、最も低いみなし仕入率50％を使って計算を行う。
課税売上高に係る消費税額＝60万円＋20万円＝80万円
課税売上高に係る消費税額×みなし仕入率＝80万円×50％＝40万円
納税額＝80万円－40万円＝40万円

　Ｃさんが事業の区分ごとの記帳を行っている場合は、みなし仕入率80％を使うことができるため納税額は16万円となります。これに対し、事業の区分ごとの記帳を行っていなかったら、低いほうのみなし仕入率50％を使うことになって納税額は40万円となります。

16万円と40万円、この差は大きいですよ〜。資金的なゆとりを少しでもつくるためにも、事業の区分ごとに帳簿に記入していきましょう。

第 **6** 章

消費税の「2割特例」とは
どういうものか

Q 「簡易課税は、原則課税より簡単なのはわかったけど、もっと楽な方
　 法はないの？」
A 「まったく…楽することしか考えていないんだから」
Q 「消費税の申告なんてしたことないんだからさ、もうちょっとオマケを」
A 「オマケって（笑）。オマケじゃないけど、もう1つだけ方法があるの
　 で、教えてしんぜよう」

1 「2割特例」の概要

免税事業者でいられるのにインボイス発行事業者になった人が使える特例はどんなもの?

● 「2割特例」は預かった消費税を2割納税すればよい

消費税の計算方式として、令和5年度税制改正において新たに導入されることとなったのが「2割特例」です。インボイス制度のスタートに伴い、免税事業者からインボイス発行事業者の登録をした個人事業・フリーランスが利用できます（詳しくは次項で説明します）。

「2割特例」による消費税の納税額は、次のとおり課税売上高に係る消費税の20%なので、使い勝手のよい制度です。

【「2割特例」を採用した場合の消費税の計算】

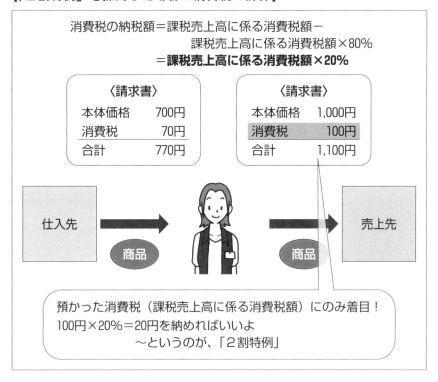

● 適用できるのは令和５年分から令和８年分の申告まで！

「２割特例」は非常に簡単な制度で、しかも、事前に届出書を提出する必要がありません。

ただし、ウラがあります。期限が決まっているのです。永続的に使えるわけではありません。

【「２割特例」の適用対象期間】

> 「２割特例」の適用対象期間は、令和５年10月１日から、令和８年９月30日までの日の属する各課税期間
>
> ⇒　具体的に言うと、令和５年分から令和８年分の申告が対象

インボイス制度が始まってから令和８年分の申告までですが、それでもこの４年分の申告において、この２割特例という制度を使えるのは、いままで消費税の申告経験のない免税事業者にとってはものすごくありがたいことです。

● インボイス発行事業者になると消費税の申告・納税はずっと続く！

インボイス発行事業者の登録をすると、それ以後、毎年必ず消費税の申告・納税が必要となり、免税事業者にはなりません。ですので、基準期間（２年前）の課税売上高が1,000万円以下の場合でも、消費税の申告・納税が必要となります。なお、「２割特例」の適用対象期間を過ぎたら「２割特例」は使えなくなりますが、使えないからといって申告が不要になるわけではなく、他の方法を使って申告することになります。

仮に、インボイス発行事業者をやめたい場合には、「適格請求書発行事業者の登録の取消しを求める旨の届出書」を提出してください。なお、インボイス発行事業者でなくなるのは、この届出書を提出した翌年からとなります。

2 適用要件
免税事業者からインボイス発行事業者に なった人がいつでも使えるわけじゃない?

● インボイス制度がなくても課税事業者になる年に使える!

　免税事業者からインボイス発行事業者の登録をした個人事業・フリーランスが、令和5年〜8年まで、毎年、「2割特例」の適用対象となるかというと、そうとは限りません。確認が必要な、重要な事柄があります。

【「2割特例」が適用できる年】

「2割特例」が適用できる年は、
インボイス制度が始まったことによって、免税事業者から課税事業者となった場合 に限定

インボイス制度がなかったとしても課税事業者に該当する年 については使うことができない!

● 「インボイス制度がなかったとしても課税事業者となる年」とは

　消費税の課税事業者となる要件は以下のとおりです(32ページ参照)。

【課税事業者に該当する人】

① 基準期間における課税売上高が1,000万円超
または、
② 特定期間における課税売上高(または給与)が1,000万円超

98

以下では、説明を簡素化するために、①基準期間における課税売上高が1,000万円超という要件だけで話を進めます。基準期間なので、2年前の課税売上高が1,000万円を超える場合には自動的に課税事業者となります。

　たとえば、次のようなケースです。

【各年における「2割特例」の適用可否を示した例】

令和　年	3年	4年	「2割特例」の対象期間				対象期間外
			5年	6年	7年	8年	9年
インボイス発行事業者			→→→→→→→→→→→→→→→→→→→→→→→→→→→→→→→				
課税売上高	900万円	1,100万円	1,200万円	800万円	…	…	…
基準期間の課税売上高			900万円	1,100万円	1,200万円	800万円	…
もともと課税事業者or免税事業者			免税	課税	課税	免税	
「2割特例」の適用可否			使える	使えない	使えない	使える	使えない

【「2割特例」の対象となるか否かの事例】

- 令和5年の基準期間（令和3年）の課税売上高は900万円≦1,000万円　⇒　免税事業者
- 令和6年の基準期間（令和4年）の課税売上高は1,100万円＞1,000万円　⇒　課税事業者
  令和5年に、免税事業者だから消費税の納税義務はないが、インボイス発行事業者の登録した場合

　令和5年は免税事業者ですが、諸事情により、仕方なくインボイス発行事業者の登録をしました。この場合、令和5年分の消費税の申告では「2割特例」を使うことができます。
　問題は令和6年です。令和6年は、基準期間である令和4年の課税売上高が1,100万円で1,000万円を超えているため、もともと課税事業者になることが決まっていました。もともと課税事業者となることが決まっていた年は、「2割特例」の対象外となります。

基準期間の課税売上高が1,000万円以下で、インボイス制度が始まらなければ課税事業者になる必要はなかった年だけ「２割特例」が使えます。ですから、令和５年と８年の申告については使えます。

　逆に、基準期間の課税売上高がもともと1,000万円超で、課税事業者となることが決まっていた令和６年と７年については、「２割特例」は使えません。

● 「２割特例」は初めての人でも簡単に使える

　インボイス制度の導入に伴って、売上先などからの要請によりインボイス発行事業者になった方にとっては、消費税の申告というのは未知の世界のものでしょう。そのようなときに、「２割特例」という、間違いなく便利で、納税額も少なくなる制度が新設されたのですから、使わない手はありません。実際のところ、毎年、消費税の申告をしている人たちからみると、「２割特例」はものすごく優遇されています。初めて消費税申告をする方でも簡単に使うことができるので、ぜひ前向きに活用してください。

● 「２割特例」を使えない期間は確認しておくこと

　唯一気を付けないといけないのが、ここで説明したとおり、「２割特例」を使えない期間が存在することです。各年の課税売上高がいくらなのかを、きちんと管理してすぐに確認することができるようにしておくことが、「２割特例」を使えない期間の把握に役立ちます。この消費税申告管理について、129ページで「消費税申告管理表」というものを紹介しますので、そちらも確認のうえぜひ活用してください。

3 対象期間

対象期間の終了後すぐや、対象期間中に簡易課税で申告したい場合はどうしたらいい?

● 令和9年分からの手続きを確認する

　免税事業者からインボイス発行事業者になった個人事業・フリーランスが、令和5年から「2割特例」を使って消費税の申告を行っていって、「2割特例」の対象期間が切れたとします。

　「2割特例」の対象期間外となる令和9年分の消費税の申告から、簡易課税を適用したい場合には、令和9年末までに「消費税簡易課税制度選択届出書」を提出してください。

【令和9年から簡易課税を適用したい場合】

令和　年	3年	4年	「2割特例」の対象期間				対象期間外
			5年	6年	7年	8年	9年
インボイス発行事業者			➡				
課税売上高	900万円	900万円	700万円	800万円	…	…	…
基準期間の課税売上高			900万円	900万円	700万円	800万円	…
もともと課税事業者or免税事業者			免税	免税	免税	免税	
「2割特例」の適用可否			使える	使える	使える	使える	使えない

簡易課税を適用したい!

令和9年末までに、「消費税簡易課税制度選択届出書」を提出!

「2割特例」の対象期間が終わってもインボイス発行事業者を継続するときは、基準期間の課税売上高(ここでは令和7年の700万円)が1,000万円以下でも、課税事業者として消費税の申告・納税を行います。

● 「2割特例」の期間中なのに「2割特例」が使えないとき

　次の事例の令和6年は、「2割特例」の対象期間なのに、基準期間の課税売上高が1,000万円超あるため「2割特例」が使えません。

【「2割特例」の対象期間中だけれど「2割特例」が使えない場合】

令和　年	3年	4年	「2割特例」の対象期間				対象期間外
			5年	6年	7年	8年	9年
インボイス発行事業者			→				
課税売上高	900万円	1,100万円	700万円	800万円	…	…	…
基準期間の課税売上高			900万円	1,100万円	700万円	800万円	…
もともと課税事業者or免税事業者			免税	課税	免税	免税	

　このケースで検討すべきポイントは、以下の2つです。

> ① 令和6年分について簡易課税を適用したい場合、いつまでに「消費税簡易課税制度選択届出書」を提出すればよいか。
> ② 令和6年分で簡易課税を適用した場合、「2割特例」を使える令和7年・8年分については、どちらの方法で計算したらよいか。

　①については、先ほどの事例から推測すれば容易に判断できるとおり、令和6年末までに「消費税簡易課税制度選択届出書」を提出すれば、令和6年分の申告から簡易課税を適用することができます。

令和　年	3年	4年	「2割特例」の対象期間				対象期間外
			5年	6年	7年	8年	9年
インボイス発行事業者			→				
課税売上高	900万円	1,100万円	700万円	800万円	…	…	…
基準期間の課税売上高			900万円	1,100万円	700万円	800万円	…
もともと課税事業者or免税事業者			免税	課税	免税	免税	
「2割特例」の適用可否			使える	使えない	使える	使える	使えない

簡易課税を適用したい！

令和6年末までに、「消費税簡易課税制度選択届出書」を提出！

②については、「２割特例」と「簡易課税」のどちらの方法でも申告することができます。なお、「２割特例」と「簡易課税」のどちらかを選択するために届出書などを提出する必要はありません。申告書の「税額控除に係る経過措置の適用（２割特例）」という欄に○を付けることによって切り替えることができます。

| 令和　年 | 3年 | 4年 | 「2割特例」の対象期間 | | | | 対象期間外 |
			5年	6年	7年	8年	9年
インボイス発行事業者	→						
課税売上高	900万円	1,100万円	700万円	800万円	…	…	
基準期間の課税売上高		900万円	1,100万円	700万円	800万円	…	
もともと課税事業者or免税事業者			免税	課税	免税	免税	
「2割特例」の適用可否			使える	使えない	使える	使える	使えない

簡易課税

申告するときに、「2割特例」と簡易課税のいずれかを選択できる

「２割特例」の適用期間中に「簡易課税」を使った後の申告は、特別な手続きは不要で「２割特例」「簡易課税」のどちらでも選択できます。

確定申告①

「2割特例」と簡易課税を選択 できる年は、どちらを選ぶとトク?

● 「2割特例」で申告するときはどうすればいい?

　免税事業者がインボイス発行事業者の登録をした場合、「2割特例」を適用できますが、同時に「消費税簡易課税制度選択届出書」を提出することにより、簡易課税により申告することもできます。

　「2割特例」の適用は事前の届出は不要で、申告書を作成する際に申告書に1か所○を付けるだけです。

● 「2割特例」と簡易課税のどちらも選べるときはどうする?

　「2割特例」と簡易課税のどちらも選択できる場合、どちらを使ったほうがよいかについて検討してみます。

　簡易課税では、86ページで説明したとおり、「みなし仕入率」が下表のように、事業の内容によって40～90%の6段階で区分されています。

【事業区分とみなし仕入率】

	事業の内容	事業区分	みなし仕入率
卸売業	購入した商品を性質、形状を変更しないで、他の事業者に販売する事業	第1種	90%
小売業	購入した商品を性質、形状を変更しないで、消費者に販売する事業。なお、製造小売業は第3種	第2種	80%
製造業等	農業、林業、漁業、鉱業、建設業、製造業、電気業、ガス業、熱供給業、水道業。なお、加工賃を受け取って役務を提供する事業は第4種	第3種	70%
その他の事業	第1種～第3種、第5種、第6種のいずれにも該当しない事業。たとえば、飲食サービス業	第4種	60%
サービス業等	運輸・通信業、金融保険業、サービス業。なお、飲食サービス業は第4種	第5種	50%
不動産業	不動産業	第6種	40%

●みなし仕入率が70％以下の事業区分なら「２割特例」が有利

　一方、「２割特例」は、みなし仕入率を80％として預かった消費税の２割を納める制度です。営む事業が小売業の場合には、簡易課税の80％と同じみなし仕入率を使うことになるので、どちらを選んでも結果は変わりません。製造業等、その他の事業、サービス業等、不動産業の場合には、いずれもみなし仕入率が80％を下回るので、「２割特例」を使ったほうが有利です。

　逆に、卸売業を営む場合には、簡易課税におけるみなし仕入率が90％ともともと高く、２割特例を使うことによってかえって納税額が増えてしまうので、簡易課税のほうが有利です。

　以上をまとめると次のとおりとなります。

【「２割特例」と簡易課税のどちらを使うかの判断基準】

- 卸売業を営む場合は、簡易課税
- 小売業を営む場合は、２割特例でも簡易課税でも同じ
- それ以外の事業を営む場合は、２割特例

● ２種類以上の事業を営んでいるときは？

　２種類以上の事業を営んでいるどんな場合でも、気にするのは卸売業を含んでいる場合だけです。卸売業を営んでいない場合には、
- 左ページのみなし仕入率
- 88ページの加重平均により算出したみなし仕入率
- 90ページのみなし仕入率の特例（通称「75％ルール」）

の、どの方法で計算しても、みなし仕入率は必ず80％以下となるので、「２割特例」が使える間は「２割特例」を使って計算してください。

　２種類以上の事業のうちに卸売業がある場合には、上の３つの方法で計算したみなし仕入率と「２割特例」とを比較してみましょう。もちろん、上の３つの方法を試算する時間を割くのがどうかと思われる場合には「２割特例」を使って申告していただいてかまいません。選択した方法で、堂々と自信を持って申告してください。

5 確定申告②
「2割特例」で申告書を書くときの ポイントは?

●使う用紙は3つだけ

インボイス制度のスタートによりつくられた「2割特例」での申告書の書き方をみていきましょう。申告に使用する用紙は次の3つだけです。

【「2割特例」の場合に使用する用紙の一覧】

- 付表6 税率別消費税額計算表

  ［小規模事業者に係る税額控除に関する経過措置を適用する課税期間用］
- 消費税申告書 第二表
- 消費税申告書 第一表

  これらの用紙を次の順番で使用していきます。

1 付表6
2 消費税申告書 第二表
3 消費税申告書 第一表

●スタイリスト竹下さんの場合の申告書の書き方

以下では、スタイリスト竹下さんの事例を使って説明していきます。

【スタイリストを営む竹下さんの事例】

スタイリストとしての売上：8,164,200円（別途消費税816,420円）
合計8,980,620円

手順1　税抜きの課税資産の譲渡等の対価の額を計算する

　まず、以下の計算式により、税率ごとに税抜きの課税資産の譲渡等の対価の額を計算します（簡易課税の申告は第9章で説明します）。

- 軽減税率8％　税込課税売上高の合計金額×100/108
- 標準税率10％　税込課税売上高の合計金額×100/110

　竹下さんの事例では、標準税率10％なので、
　　　　8,980,620×100/110＝8,164,200円
と求められます。

手順2　付表6の上のほうに記載する

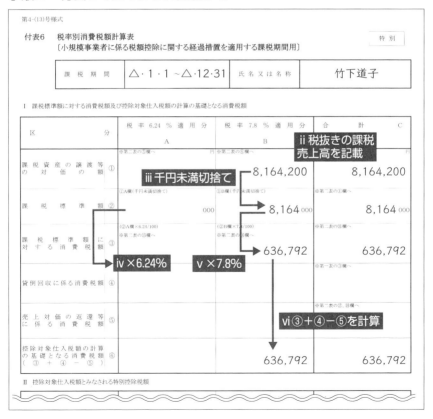

i 付表6を準備します。なお、この付表において、左側の「税率6.24％適用分」というのは、軽減税率8％を意味します。右側の「税率7.8％適用分」というのが、標準税率10％を意味します。

ii 手順1で求めた課税資産の譲渡等の対価の額を、税率ごとに、Ⅰ「課税標準額に対する消費税額及び控除対象仕入税額の計算の基礎となる消費税額」の①「課税資産の譲渡等の対価の額」の欄に記載します。

iii ①に記載した金額に対して、千円未満を切り捨てた金額を、②「課税標準額」の欄に記載します。

iv 軽減税率8％のほうは、課税標準額×6.24％で計算した金額を、③「課税標準額に対する消費税額」の欄に記載します。

v 標準税率10％のほうは、課税標準額×7.8％で計算した金額を、③「課税標準額に対する消費税額」の欄に記載します。

vi ③＋④－⑤を計算した結果を、⑥「控除対象仕入税額の計算の基礎となる消費税額」の欄に記載します。

手順3　付表6の下の欄で、「2割特例」の反対＝8割分を算出する

ここで出ました「2割特例」。納税額が2割なので、申告書の作成方法としては、課税売上高に係る消費税額から、その80％を計算した金額をマイナスするという流れなのは想像に難くないですよね。

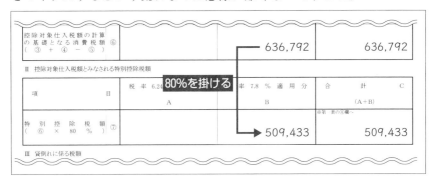

i 手順2で求めた、⑥「控除対象仕入税額の計算の基礎となる消費税額」に80％を掛けた金額を、⑦「特別控除税額」に記載します。

付表6はここまでです。80％分をマイナスするのは、確定申告書で行います。

第4-(13)号様式

付表6　税率別消費税額計算表
〔小規模事業者に係る税額控除に関する経過措置を適用する課税期間用〕

| | 特　別 |

| 課　税　期　間 | △・1・1 ～ △・12・31 | 氏 名 又 は 名 称 | 竹下道子 |

I　課税標準額に対する消費税額及び控除対象仕入税額の計算の基礎となる消費税額

区　　　　　分		税 率 6.24 % 適 用 分 A	税 率 7.8 % 適 用 分 B	合　　　計　　　C (A+B)
課 税 資 産 の 譲 渡 等 の 対 価 の 額	①	※第二表の⑤欄へ　　　　円	※第二表の⑥欄へ　　　　円 8,164,200	※第二表の⑦欄へ　　　　円 8,164,200
課 税 標 準 額	②	①A欄(千円未満切捨て) 000	①B欄(千円未満切捨て) 8,164 000	※第二表の①欄へ 8,164 000
課 税 標 準 額 に 対 す る 消 費 税 額	③	(②A欄×6.24/100) ※第二表の⑮欄へ	(②B欄×7.8/100) ※第二表の⑯欄へ 636,792	※第二表の⑪欄へ 636,792
貸 倒 回 収 に 係 る 消 費 税 額	④			※第一表の③欄へ
売 上 対 価 の 返 還 等 に 係 る 消 費 税 額	⑤			※第二表の⑰、⑱欄へ
控 除 対 象 仕 入 税 額 の 計 算 の 基 礎 と な る 消 費 税 額 （ ③ ＋ ④ － ⑤ ）	⑥		636,792	636,792

II　控除対象仕入税額とみなされる特別控除税額

項　　　　　目		税 率 6.24 % 適 用 分 A	税 率 7.8 % 適 用 分 B	合　　　計　　　C (A+B)
特 別 控 除 税 額 （ ⑥ × 80 % ）	⑦		509,433	※第一表の④欄へ 509,433

III　貸倒れに係る税額

項　　　　　目		税 率 6.24 % 適 用 分 A	税 率 7.8 % 適 用 分 B	合　　　計　　　C (A+B)
貸 倒 れ に 係 る 税 額	⑧			※第一表の⑥欄へ

注意　金額の計算においては、1円未満の端数を切り捨てる。

(R5.10.1以後終了課税期間用)

第6章　消費税の「2割特例」とはどういうものか　109

「2割特例」の場合には、簡易課税のような事業区分は存在しないので、みなし仕入率（90〜40％）の区別も存在しません。したがって、事業区分が複数にわたるケースも考える必要がありません。

言ってみれば、みなし仕入率は80％一本となります。ここまでで、付表6が完成しました。

手順4　申告書第二表と申告書第一表を同時に作成する

付表6から転記して、申告書第二表と第一表を作成していきましょう。

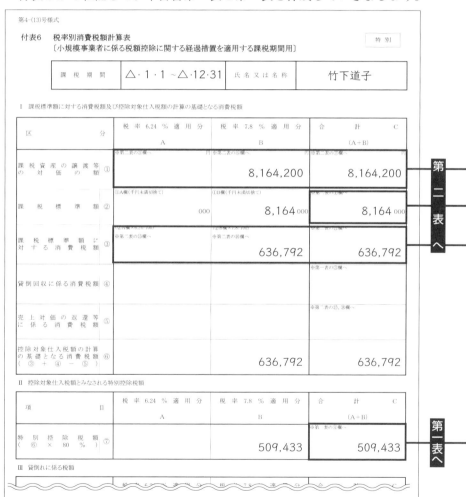

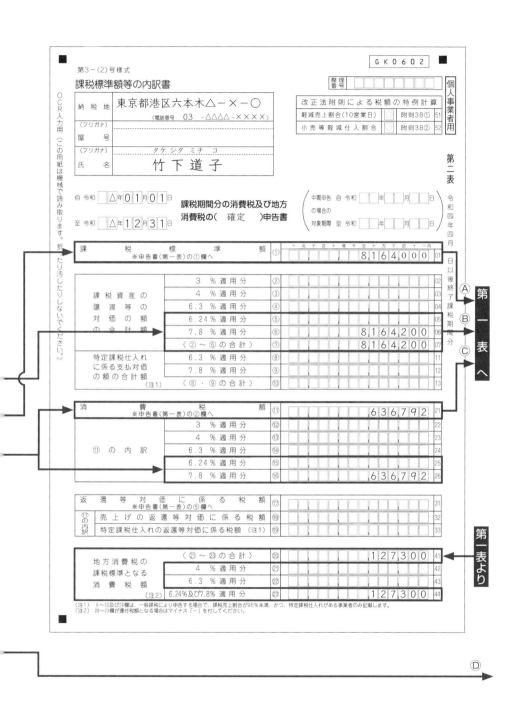

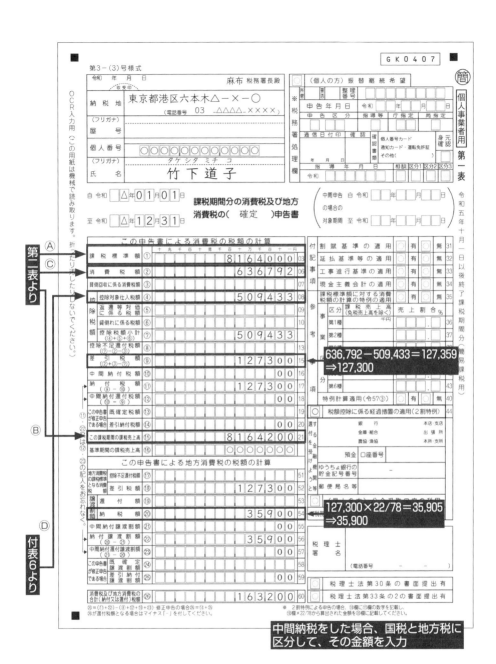

i　付表 6 から申告書第二表への転記
　(ア)　付表 6 の①「課税資産の譲渡等の対価の額」について、「税率
　　　6.24％適用分 A」、「税率7.8％適用分 B」、「合計 C」の 3 つの金額を
　　　第二表の⑤～⑦「課税資産の譲渡等の対価の額の合計額」に転記し
　　　ます。
　(イ)　付表 6 の②「課税標準額」について、「合計 C」の金額だけを、
　　　第二表の①「課税標準額」に転記します。
　(ウ)　付表 6 の③「課税標準額に対する消費税額」について、「税率
　　　6.24％適用分 A」、「税率7.8％適用分 B」の金額を、第二表の⑮、⑯
　　　に転記します。
　(エ)　同じく、付表 6 の③「課税標準額に対する消費税額」の「合計 C」
　　　の金額を、第二表の⑪「消費税額」に転記します。
ii　付表 6 から申告書第一表への転記
　(ア)　付表 6 の下のほうにある⑦「特別控除税額」は、直接、第一表に
　　　転記します。転記先は、④「控除対象仕入税額」です。「2 割特例」
　　　において控除できる 8 割の金額を第一表に転記したことになります。
iii　申告書第二表から第一表への転記
　(ア)　第二表①「課税標準額」の金額を、第一表①「課税標準額」へ転
　　　記します。
　(イ)　第二表⑦「課税資産の譲渡等の対価の額の合計額」の金額を、第
　　　一表⑮「この課税期間の課税売上高」に転記します。
　(ウ)　第二表⑪「消費税額」の金額を、第一表②「消費税額」に転記し
　　　ます。
iv　申告書第一表から申告書第二表への転記
　(ア)　まだ手を付けていなかったのが、第二表の一番下の「地方消費税
　　　の課税標準となる消費税額」の欄です。この部分は、簡易課税の場
　　　合には付表 4 - 3 という別の用紙から転記します。「2 割特例」の
　　　場合には付表 6 以外の付表が公表されていないため、第一表から転
　　　記してくるしかないと思いますので、第一表⑨「差引税額」の金額
　　　を転記してください。

ここまでで、「２割特例」を適用するために使用する付表６、第一表、第二表がほぼ完成しました。

●記載上のその他の注意点

　最後に、２つだけ注意点があります。

　１つめは、中間納税がある場合には、国税と地方税に分けて金額を記載することです。

中 間 納 付 税 額	⑩	中間申告分の消費税額を記載	16
中間納付譲渡割額	㉑	中間申告分の地方消費税額を記載	55

　中間申告分の金額を記載せずに申告書を作成して、一番下に表示されている納付税額を納付すると、二重に納付してしまうことになりますので、注意してください。

　２つめは、令和５年度税制改正により消費税申告書第一表につくられた、いままで見たことのない欄についてです。

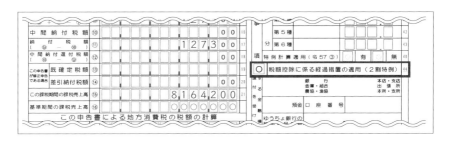

　申告書の右側にある「税額控除に係る経過措置の適用（２割特例）」という欄です。この申告書において「２割特例」を適用する場合には、左側に、○を付けてください。○を付けることで、適用を宣言することになります。

第 **7** 章

インボイスに関する
その他のポイント

Q 「自動販売機でジュースを買ったとき、インボイス発行されるの？」
A 「いやいや。インボイスの免除される取引もあってね」
Q 「じゃ、その免除の対象にうちの請求書も入れてもらえない？」
A 「…。そんなこと言ったらみんな免除してほしいでしょ（泣）」

少額特例

1万円未満の領収書は、インボイスを意識しなくていい特例があるんだって?

● 課税売上高1億円以下の事業者に対する仕入税額控除の特例

ここまで説明してきたインボイス制度について、全国のすべての事業者に対して、

> インボイスの要件を満たす領収書を発行してくれないとダメです!!!

と言えるでしょうか。

高齢化が進む今日の日本において、事業者にもそれぞれ事情があるので、きつく言ったところで、インボイスの要件を満たす領収書を発行できるかどうかは非常にむずかしいでしょう。

そのような状況下ですから、「金額の小さい取引についてはインボイスの要件を免除してほしい」という要望を日本税理士会連合会が送り続けてきました。その結果として、要求するレベルには達していませんが、一部だけ要求が認められたのが、この課税売上高1億円以下の事業者に対する仕入税額控除の特例(以下、「少額特例」といいます)です。

● 少額特例はどんなもの?

具体的な少額特例の内容は次のとおりです。

【少額特例として仕入税額控除が認められる条件】

- 税込1万円未満の課税仕入れについて、受け取った請求書・領収書等がインボイスの要件を満たしていなくても仕入税額控除可能
- 受け取った請求書・領収書等の発行者が、インボイス発行事業者となっていない免税事業者でもよい

「税込3万円未満」でなく、「税込1万円未満」が対象です。間違わないように注意してくださいね。

税込1万円未満であれば、請求書・領収書等の発行者がインボイス発行事業者かどうかを問わずに、仕入税額控除が認められるという制度です。インボイス制度がスタートした後の世の中を想像するに、この特例の存在はものすごく大きいです。

● どんな事業者が対象になっている？

特例の適用を受けることができる対象者は、以下のとおりです。

【少額特例の適用を受けられる事業者】

- 基準期間（2年前）の課税売上高が1億円以下の事業者

または、

- 特定期間（前年1月〜6月）の課税売上高が5,000万円以下の事業者

この要件のうち、いずれかを満たす事業者が、この特例の恩恵を受けることができます。ただし、2つめの、特定期間を用いる場合について、33ページの課税事業者の判定のところで使った給与による判定はここでは使えません。あくまで上半期の課税売上高が5,000万円以下である事業者が対象となります。

いや〜厳しいですよね。世の中に数えきれないほど存在する課税売上高1億円超の事業者は、この特例の恩恵を受けられないことになります。

● 適用期間はかぎられている

そして、適用できる期間は以下のとおりです。

【少額特例の適用対象期間】

令和5年10月1日〜令和11年9月30日

この６年の間に行う課税仕入れが適用対象となります。支払日がこの期間であることが要件ではなく、**この期間中に買ったものが対象**となります。たとえば、令和11年９月20日にクレジットカードで物品を買った場合には、口座からの引落しは10月以降になりますが、これも対象となるということです。

また、令和11年９月30日と言えば、インボイスでない請求書等に対する仕入税額控除の金額が３年間80％に下がって、その後３年間50％に下がって、そして、その50％認められていた仕入税額控除が認められなくなる前の最後の日ですね（47ページ参照）。

● 「１万円」はどのように判定される？

次に取引単位のお話です。税込１万円未満というのは、１個当たり１万円未満でいいのか、１か月で請求書をまとめた場合には、１か月分で判定されるのかといった疑問が生じてきます。

これに対して国税庁公表の「消費税の仕入税額控除制度における適格請求書等保存方式に関するＱ＆Ａ」では、次のように書かれています。

【国税庁のＱ＆Ａより】

- ３日に5,000円の商品、10日に7,000円の商品を購入し、それぞれで請求・精算　⇒　それぞれ１万円未満の取引として対象
- 5,000円の商品と7,000円の商品を同時に購入　⇒　１万円以上の取引として対象外
- １回8,000円のクリーニングを２日に１回、15日に１回行い、それぞれで請求・精算　⇒　それぞれ１万円未満の取引として対象
- 月額10万円の清掃業務（稼働日数12日）　⇒　１万円以上の取引として、対象外

これをみていくと、１個当たりの金額で判定されるのでなく、１回当たりの取引で判定されているのがわかります。また、最後の事例では、役務の提供が月単位での取引を１取引とみなされるため、少額特例の対象外と判定されています。

また、財務省公表の「インボイス制度の負担軽減措置のよくある質問とその回答（令和5年3月31日時点）」の中には、

> **問**　月額200,000円（稼働日21日）で個人事業者に外注を行っています。稼働日で按分すると1万円未満となりますが、少額特例の対象になりますか。

> **（答）**　少額特例の判定単位は、一回の取引の合計額が1万円未満であるかどうかにより判定することとなるため、役務の提供である場合には、通常、約した役務の取引金額によることとなります。
> 　ご質問の場合、月単位での取引（200,000円の取引）と考えられますので、少額特例の対象とはなりません。

という問答が掲載されています。

　この文章のポイントは、「約した役務の取引金額による」というところです。たとえば、毎月定期的に業務を発注している個人事業主に対して、今日はA邸、明日はB邸、その次の日はC邸…と業務を発注して、1か月まとめて請求書を受け取った場合、仮に1日当たりの取引金額が1万円以下であったとしても、それぞれが個別の取引とは言えないため、少額特例の対象とはならないと考えます。

　今後もっと解説等が公表されていくはずですので、注目していてください。

国税庁のホームページでは新しい情報が公表されます。ときどき確認してください。

インボイスの交付義務を免除してくれるケースって、存在しないの?

●特定の業種の売り手側は交付しなくてもよい

インボイス制度においては、インボイス発行事業者に対してインボイスの交付義務が課されますが、次の取引については、インボイスの交付が困難なことから、**商品の販売や役務の提供を行う売り手側に対して、インボイスの交付義務が免除**されています。

【インボイスの交付義務が免除される取引】

① 3万円未満の公共交通機関(船舶、バス、鉄道)による旅客の運送(以下「公共交通機関特例」)

② 3万円未満の自動販売機及び自動サービス機により行われる商品の販売等(以下「自動販売機特例」)

③ 郵便切手類のみを対価とする郵便・貨物サービス(郵便ポストに差し出されたものに限る)

④ 出荷者等が卸売市場において行う生鮮食料品等の販売(出荷者から委託を受けた受託者が卸売の業務として行うものに限る)

⑤ 生産者が農業協同組合、漁業協同組合又は森林組合等に委託して行う農林水産物の販売(無条件委託方式かつ共同計算方式により生産者を特定せずに行うものに限る)

①公共交通機関特例

インボイスの交付義務が免除される公共交通機関特例の対象は、船舶、バス、鉄道、モノレール等ですが、特急料金や急行料金、寝台料金は旅客の運送に直接関係するので免除の対象となります。ただし、駅構内に入場するための入場料や手回り品の料金は、旅客の運送には直接関係しないため免除の対象とはなりません。

また、3万円未満という金額の判定基準ですが、1回の取引が税込3

万円未満かどうかで判定されます。つまり、切符１枚ずつの単価で判定することはできません。

　従業員４人で東京から大阪出張する場合の新幹線代14,000円×４人分＝56,000円の代金授受があった場合には、４人分の56,000円という金額で判定されるので、インボイスの交付が必要となります。

②自動販売機特例

　インボイスの交付義務が免除される３万円未満の自動販売機や自動サービス機によって販売される商品として、まず思いつくのがお茶・ジュース等の飲料の自動販売機ですね。また、近年はコロナ禍の影響を受けた食料品の自動販売機も増えました。こういった飲食料品を取り扱う自動販売機が、１つめの対象となります。

　そして、２つめの自動サービス機によるサービスとは、

【自動サービス機によるサービスとして、インボイス交付義務が免除されている取引】

- コインロッカー
- コインランドリー
- 金融機関のＡＴＭの入出金サービスや振込サービス

などのように、機械装置のみで代金の受領と資産の譲渡等が完結するものが対象とされています。

　逆に、次の取引は、インボイス交付義務が免除されていません。

【インボイス交付義務が免除されていない取引】

- 小売店内に設置されたセルフレジを通じた販売
- 有料道路のＥＴＣ
- インターネットバンキング
- コインパーキング

③郵便切手類のみを対価とする郵便・貨物サービス（郵便ポストに差し
　出されたものに限る）

　郵便・貨物サービスについてインボイスの交付義務の免除が列挙され
ているのを理解するのは非常にむずかしいので、サラッと説明します。
切手を郵便局で買うとき、この取引は消費税が非課税取引となっていま
す。そして、切手を使うときに初めて課税取引となります。

　カッコ書きの「郵便ポストに差し出されたものに限る」の意味すると
ころは、投函されたポストがインボイスを発行してくれるなんてことは
あり得ないので、インボイスの交付義務が免除されているのです。

　将来的には、ポストに投函した瞬間に、大きさと重さで判定されてポ
ストが切手のチェックとインボイスの発行をしてくれるなんて世界が待
っているかもしれませんが…。

④出荷者等が卸売市場において行う生鮮食料品等の販売（出荷者から委
　託を受けた受託者が卸売の業務として行うものに限る）

　中央卸売市場、地方卸売市場などの卸売市場では、出荷者から委託を
受けた卸売事業者が、購入者に生鮮食料品等を販売します。その際に、
出荷者からインボイスの発行を受けて購入者に提供するというのは困難
であるとして、インボイスの交付義務が免除されています。

⑤生産者が農業協同組合、漁業協同組合又は森林組合等に委託して行う
　農林水産物の販売（無条件委託方式かつ共同計算方式により生産者を特
　定せずに行うものに限る）

　⑤も④と似ていますが、⑤の舞台は農協、漁協、森林組合等です。協
同組合なので、組合員から委託を受けた農協等が、農林水産物を購入者
に販売します。その際、農協等に販売を委託した組合員からインボイス
の発行を受けて購入者に提供するのは困難であるとして、インボイスの
交付義務が免除されています。

　農業、漁業、林業を営む個人事業主が、農協、漁協、森林組合等を通
じて農林水産物を販売する限りにおいては、インボイスを交付する義務
がないという意味です。

3

帳簿のみの保存で仕入税額控除が認められる場合

インボイスがなくても、仕入税額控除が受けられるケースって、存在しないの?

● 買い手側にも売り手側のような措置が認められている

前項で、売り手側に対して、インボイスの交付義務が免除される取引をみてきました。

今度は、商品を購入する買い手側に対してのお話です。インボイス制度では、インボイスの保存が仕入税額控除の要件とされています。ですが、次の取引については、一定の事項を記載した帳簿のみの保存で仕入税額控除が認められます。

【帳簿のみの保存で仕入税額控除が認められる場合】

① インボイスの交付義務が免除される3万円未満の公共交通機関による旅客の運送(「公共交通機関特例」)
② インボイスの交付義務が免除される3万円未満の自動販売機及び自動サービス機からの商品の購入等(「自動販売機特例」)
③ インボイスの交付義務が免除される郵便切手類のみを対価とする郵便・貨物サービス(郵便ポストに差し出されたものに限る)
④ 簡易インボイスの記載事項(取引年月日を除く)が記載されている入場券等が使用の際に回収される取引(「入場券等回収特例」)
⑤ インボイス発行事業者でない古物営業を営む者からの古物の購入
⑥ インボイス発行事業者でない質屋を営む者からの質物の取得
⑦ インボイス発行事業者でない宅地建物取引業を営む者からの建物の購入
⑧ インボイス発行事業者でない者からの再生資源及び再生部品の購入
⑨ 従業員等に支給する通常必要と認められる出張旅費等(出張旅費、宿泊費、日当及び通勤手当〈以下「出張旅費等特例」〉)

●帳簿にどんなことが記載されている必要がある？

　①、②、③については、売り手側にインボイス発行義務が免除されているので、一定の事項を記載した帳簿のみの保存で仕入税額控除が認められます。

　一定の事項を記載した帳簿のみの保存で仕入税額控除が認められるとは、

総勘定元帳（旅費交通費）			
日付	摘要	税区分	金額
1/10	JR○○　運賃　公共交通機関	10%	1,000円
1/15	地下鉄　運賃　公共交通機関	10%	300円
1/20	私鉄　運賃　公共交通機関	10%	250円

のような形で、次ページの四角で囲んだ項目を帳簿に記載することによって、インボイスがなくても仕入税額控除が認められます。

３万円未満の電車やバスの運賃、３万円未満の自動販売機の商品などは帳簿につけておきましょう。

124

【帳簿のみの保存で仕入税額控除が認められるための帳簿記載事項】

- 課税仕入れの相手方の氏名・名称
- 取引年月日
- 取引内容
- 対価の額

● インボイスでない書類でも保存する必要がある

　また、インボイスの交付義務が免除される取引の中で、卸売市場等において生鮮食料品等を販売する場合、農協、漁協、森林組合等において農林水産物を販売する場合を挙げましたが、これらについては、帳簿のみの保存で仕入税額控除が認められる場合の中には含まれていません。

　これは、インボイスは交付されなくても、卸売市場等や農協等が発行する書類が必要になるという意味なので、これらの書類を必ず保存しておいてください。

　⑤、⑥、⑦、⑧については、インボイス発行事業者でない事業者からの購入の場合に帳簿のみの保存で良いという意味なので、インボイス発行事業者から購入した場合にはインボイスの保存が必要となります。

　最後に⑨の出張旅費等特例についてです。

　このうち、出張旅費、宿泊費、日当については、「通常必要と認められる部分」について帳簿のみの保存で仕入税額控除が認められます。この「通常必要と認められる部分」とは、適正なバランスが保たれた金額であることと、同種同規模の他社に比較して多すぎない金額であることを基準に判断されます。詳細は、所得税基本通達9－3の「非課税とされる旅費の範囲」に記述されています。

　また、通勤手当については、通勤に通常必要と認められる金額であれば、帳簿のみの保存で仕入税額控除が認められます。

インボイスの特例について

　この章で説明したインボイスについては、「1万円」、「3万円」という金額が並行して成立していて理解しづらくなっているので、下表のようにまとめました。

【インボイスの特例についてのまとめ】

タイトル	売り手側	買い手側	内容	ページ
少額特例	すべての事業者（インボイス発行事業者・免税事業者の区別なし）	基準期間の課税売上高が1億円以下（特定期間の課税売上高が5,000万円以下）の事業者に限定	1万円未満の請求書等について、インボイスに該当しなくても仕入税額控除可能	116
交付義務の免除	公共交通機関 自動販売機・自動サービス機 郵便貨物 卸売市場 農協・漁協等	すべての事業者	インボイスの交付義務が免除。公共交通機関・自動販売機は3万円未満に限定	120
帳簿のみの保存	公共交通機関 自動販売機・自動サービス機 郵便貨物 卸売市場 農協・漁協等 古物営業者 質屋 宅地建物取引業者 再生資源・再生部品販売者 従業員（出張手当等）	すべての事業者	インボイスがなくても、帳簿のみの保存で仕入税額控除可能。公共交通機関・自動販売機は3万円未満に限定	123

　世の中の誰が支払っても、「3万円未満」であればインボイスがなくても仕入税額控除できるのは、電車、バス、船舶などの公共交通機関と、自動販売機、コインロッカーなどの自動サービス機の取引です。

　そして、「1万円未満」でインボイスがなくても許されるのは、買い手側が基準期間の課税売上高1億円以下（特定期間の課税売上高5,000万円以下）の事業者だけに認められた優遇規程で、1万円未満であれば、インボイスの要件を満たさない請求書等でも仕入税額控除できます。

　売り手側の個人事業・フリーランスの立場で言うと、買い手側の基準期間の課税売上高が1億円以下であれば、金額1万円未満の請求書等については、インボイスに該当しなくても気にされません。とはいえ、請求書等を渡す時に、「お客様の年商は1億円を超えていますか？」とは、なかなか聞けないと思いますが…。

第 **8** 章

消費税を前向きに納めるための
意識の変え方

Q「消費税を前向きに納める人なんているの？」
A「毎年当然のことと思うようになれば、誰もが前向きに納められるよ」
Q「じゃあ、10年経ったら、前向きに納める努力をしてみるよ」
A「10年？　遅すぎだよ〜。『2割特例』の期間も過ぎちゃってるし…」

1 消費税の申告管理

消費税の申告が必要かどうかを毎年、管理していくことが重要

● 消費税申告の要否は前もってわかる

　これまでの章において、消費税の計算方式に３つあることを説明しました。原則課税、簡易課税、「２割特例」の３つです。ですが、そもそも免税事業者であれば、消費税の申告すら必要がありません。ここで申告の要否、計算方式を確認しましょう。

【消費税申告に関する決まりごと】

> 次の２つの事柄は、その年の状況でなく、その年が始まる前に、決まっている
> ● 申告が必要か、不要か（課税事業者か、免税事業者か）？
> ● どの計算方式を採用することができるのか？

　消費税申告が必要か不要かについては、32〜33ページで説明したとおり、基準期間（２年前）の課税売上高が1,000万円超か、あるいは、特定期間（前年の１月〜６月）の課税売上高が1,000万円超かで決まるのが基本です。したがって、この期間の課税売上高がいくらだったかの集計が完了していれば、該当する年の消費税の申告が必要かどうかは、その年が始まる前にわかっています。

【Ｘ４年分の消費税申告の要否判定タイムスケジュールの例】

Ｘ２年１月〜12月	営業活動
Ｘ３年１月〜３月	Ｘ２年分の消費税の確定申告書作成 　⇒　基準期間（Ｘ２年）の課税売上高が判明
Ｘ３年７月〜12月	Ｘ３年１月〜６月の課税売上高を計算 　⇒　特定期間（Ｘ３年１月〜６月）の課税売上高が判明
Ｘ４年１月〜	該当する年の営業活動開始

基準期間の課税売上高の判定基準においても、特定期間の課税売上高の判定基準においても、Ｘ４年１月以降の消費税については、Ｘ３年中には判明します。また、簡易課税を使うためには、基準期間の課税売上高が5,000万円以下であることが要件とされているので、これも、基準期間の状況が関係してくるわけです。

● 「消費税申告管理表」を活用する

　消費税申告の要否、取り得る計算方式を先に把握しておくことこそが、今後の安定した経営につながります。これを１枚のシートで可能にするのが、「消費税申告管理表」です。この管理表はどこかに提出するものではありません。あくまでご自身で自分の消費税に関する状況を把握しておくための内部資料です。

　毎年、確定申告が終わるたびに、その年の課税売上高を記入しながら、２年後、消費税の申告が必要なのか、申告が必要な場合は、計算方式はどれを採用すべきなのかを管理していきます。

【消費税申告管理表（白紙シート）】

令和　年	3年	4年	5年	6年	7年	8年	9年	10年
インボイス発行事業者 適用開始日	（　　　）							
課税売上高						…	…	…
基準期間の課税売上高（２年前の課税売上高）								
もともと課税事業者or免税事業者								
「２割特例」（もともと免税であるはずの年に使える）			２割特例対象期間 →				期間外 →	
簡易課税の適用開始日（「消費税簡易課税制度選択届出書」に記載した適用開始日）	（　　　）							
申告方法（申告しない、「２割特例」、簡易課税、原則課税の４通りから記載）								

なお、特定期間（前年の1月～6月）の課税売上高についても判定が必要ですが、図がわかりづらくなってしまうため割愛します。

　次の記載例は、令和5年10月1日からのインボイス発行事業者の登録を行い、令和5年10月1日～12月31日分から消費税の申告がスタートする場合を想定しています。

【消費税申告管理表（記載例）】

令和　年	3年	4年	5年	6年	7年	8年	9年	10年
インボイス発行事業者適用開始日	(5.10.1)		← インボイス発行事業者 →					
課税売上高	900万円	1,100万円	700万円	800万円	850万円	…	…	…
基準期間の課税売上高（2年前の課税売上高）			900万円	1,100万円	700万円	800万円	850万円	
もともと課税事業者or免税事業者			免税	課税	免税	免税	免税	
「2割特例」（もともと免税であるはずの年に使える）			← 2割特例対象期間 →				期間外 →	
			使える	使えない	使える	使える	×	×
簡易課税の適用開始日（「消費税簡易課税制度選択届出書」に記載した適用開始日）	(6.1.1)		×	○	○	○	○	○
申告方法（申告しない、「2割特例」、簡易課税、原則課税の4通りから記載）	免税	免税	(10/1-)原則or2割	簡易	2割or簡易	2割or簡易	簡易	…

　令和4年分の確定申告を行った段階で、令和4年分の課税売上高の金額が1,100万円であることが判明しました。この時点で、令和4年分の「課税売上高」の欄と、令和6年分の「基準期間の課税売上高」の欄に1,100万円と記載します。これにより、令和6年分の消費税の計算において、**もともと課税事業者**と扱われることを明記しておきます。

　次に、令和6年分は「2割特例」の適用対象期間に入っていますが、もともと課税事業者となってしまうため「2割特例」は使えないとわかるので、ここも記載しておきます。

　さらに、簡易課税の適用を検討します。基本的に「消費税簡易課税制度選択届出書」は事前に提出すべきですが、特例で令和6年中に提出す

【「消費税申告管理表」を活用して事前管理した人と、しなかった人の比較】

★前提★
EさんとFさんは令和5年2月、ともに得意先の要請に応じてインボイス発行事業者の登録を行った。2人とも、令和4年分の課税売上高は1,100万円で、令和6年分については消費税のもともと課税事業者に該当する。なお、令和5年分については「2割特例」を使う予定。

年・月	「消費税申告管理表」を使って事前管理がバッチリなEさん	常に行き当たりばったりで、消費税の知識が少ないFさん
令和5年3月	令和4年分の課税売上高が1,100万円だったことが判明	
	↓	↓
	令和6年分についてはもともと消費税の課税事業者に該当することを認識	令和6年分についてはもともと消費税の課税事業者に該当するとは思っていない
令和6年3月	令和5年分の消費税確定申告書を初めて作成	
	『2割特例』が使えたから簡単だったけど、使えない令和6年分は大変だろうな	『2割特例』だと超簡単！来年の申告も楽勝だろう
令和6年12月	「2割特例」が使えない令和6年分の確定申告に備えて、「消費税簡易課税制度選択届出書」を提出	令和7年の1月、令和4年分の課税売上高が1,100万円で課税事業者になるため、令和6年分の申告では「2割特例」は使えないことを認識！
令和7年3月	令和4年分の消費税確定申告書を、簡易課税で作成（（＾＾）／	税務署に相談しても「原則課税（一般課税）で計算するしかないみたい。いまから科目ごとに集計するの？そんな無茶な…（泣）

れば、令和6年分の消費税申告において簡易課税を適用できます。

「令和6年中に提出すれば…」ということは、実際に令和6年分の消費税申告を行う令和7年になって、「2割特例」が使えないことに気づいても、いまさら簡易課税を使うことはできません。

このように消費税に関する申告の流れは、事前に決まってしまうのです。所得税の確定申告であれば、たとえばその年に譲渡所得がなかったら、あるいは、給与所得や雑所得などの所得がなかったら申告は不要です。これが消費税とその他の諸税との間の大きなちがいです。

事前に、消費税に関して取り得る計算方式を把握しておくことで、消費税戦略をあらかじめ立てておきましょう。それによって、お金と時間のものすごい節約につながります。

2 消費税についての意識を変える①
「消費税は単なる預かり金である」と胸を張って言えるようになろう！

● **消費税は消費税法があるから課税されている**

129ページの「消費税申告管理表」に基づいて、消費税の申告の要否と計算方式を事前に把握したうえで、次に必要なことは、消費税に対する認識を変えることです。

消費税はそもそもが、商品の販売・役務の提供に対する対価である本体価格に対して課税されるものであり、消費税法という法律がなければ、付加されることはありません。

【消費税法がある世界と、ない世界のちがい】

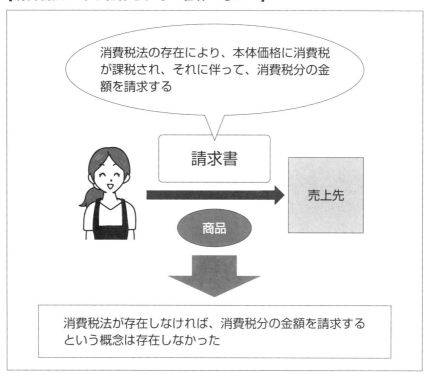

●消費税は預かり金である（自分のものではない）

　消費税法が導入された平成元年には、筆者はまだ学生だったため当時のことはわかりませんが、推測するに、本体価格に消費税分（当初は3％分）を上乗せして請求することに、複雑な心境だったのではないでしょうか。それが、制度導入して30年以上が経過するうちに、消費税分を請求するのが当たり前になり、消費税を納めていない人も、

> 販売価格＝本体価格に消費税相当分をプラスした金額

という感覚に陥っているのだと思います。

　今回のインボイス制度導入により、法人、個人を問わず多数の人が消費税を納めるようになります。そこで、原点に返ってみてください。つまり、

> 販売価格＝本体価格

であると。

　となると、本体価格に課税される消費税は何ぞやというと、

> 消費税＝単なる預かり金

そうです。

「単に預かっているだけのお金」なのです。

　この感覚、毎年消費税を普通に納めている方は、当たり前に持っているものです。

　長年、事業を運営している経営者に対して、決算時点で「消費税の納税額が〇〇万円です」と伝えたときの答えで多いのが、次の2つです。

> ●「消費税は、仕方ないよね」
> ●「消費税は、単に預かっているだけのお金だからね」

　この言葉を読んで、「そんな風に思えない」「ベテラン経営者の域には達していないよ」と思われる方、その原因を排除していきましょう。

3
消費税についての意識を変える②
売上は、税込みではなく、本体価格で考える

●なぜ、消費税を「単なる預かり金」と思えないのか

消費税の支払いを「仕方ない」と思えない理由は、2つ考えられます。

【消費税を単なる預かり金と思えない理由　その1】

> ● 本体価格に消費税をプラスした金額を、売上金額だと認識している

まず、1つめの理由についてです。税込金額を売上と考えると、いったん財布に入ったものを支払うのは気が進みません。そこで、前項で説明したとおり、「消費税は単なる預かり金である」という意識を持ったうえで、**本体価格のみを売上金額と認識しましょう**。これは今後経営を続けていくにあたって非常に大切なことです。ところが、

> 「よし、わかった。
> 　じゃあ、売上金額は本体価格だと考えるようにするよ」
> 「でも、どうやって、帳簿に記入するの？
> 　会計ソフトに入力する売上金額はいくらにすればいいの？」

という新たな疑問が湧いてきますから、帳簿に記入する方法を説明しておきましょう。帳簿に記入する方法には、税込経理方式と税抜経理方式の2種類あります。

税込経理方式とは、1つの取引を経理処理する際に、消費税を含めた金額ですべての帳簿に記入する方法です。これに対して、**税抜経理方式**とは、本体価格と消費税を区別して帳簿に記入する方法で、どちらの方法を採用するかは任意となっています。

【経理処理のちがい】

〈税込経理方式〉	〈税抜経理方式〉
①販売代金を受け取った仕訳	①販売代金を受け取った仕訳
（現金）1,100　　　　（売上高）1,100	（現金）1,100　　　　（売上高）1,000
	（仮受消費税）100
②仕入代金を支払った仕訳	②仕入代金を支払った仕訳
（仕入高）770　　　　（現金）770	（仕入高）700　　　　（現金）770
	（仮払消費税）70

　どちらが簡単かと言えば、左の税込経理方式です。"仮受消費税"や、"仮払消費税"という余分な科目を使う必要がないですからね。ただ、税込経理方式を採用するときは大きな問題が存在します。

　売上から仕入を引いて、この取引においていくら儲かったのか（利益）を計算してみましょう。

【経理処理のちがいで利益が変わる】

〈税込経理方式〉	〈税抜経理方式〉
利益（儲け）	利益（儲け）
＝売上高1,100－仕入高770＝330	＝売上高1,000－仕入高700＝300

　税込経理方式の利益が"330"なのに対し、税抜経理方式の利益は"300"です。同じ取引なのに差が"30"生じます。この"30"は、何かと言うと、預かった消費税と支払った消費税の金額の差です。

仮受消費税（100）－仮払消費税（70）＝30

という算式から求めることができます。

税込経理方式の利益＝330　　＞　　税抜経理方式の利益＝300

　経理方式のちがいで、利益の金額にズレが生じるのであれば、誰でもトクなほうを選びますよね。

　具体的に取るべき対策は以下のとおりです。

> 消費税納税額想定額を、費用とみて、利益を計算しておく

　税込経理方式の場合には、次の仕訳を追加することによって、利益は同額の300になります。

> 〈税込経理方式の場合〉
> （租税公課）30　　（未払消費税）30

　この仕訳も目的は、消費税の納税額の概算額を記入することにより、本来の利益を求めることにあるので、実際の納税額とは異なります。
　「この仕訳だと、消費税の確定額を表しているみたい」という感想を持つ方もいるので、私は、将来の消費税の納税額を事前に引き当てておくという意味で、"消費税引当金"という科目をつくって、次のような仕訳を起こします。なお、この科目名は簿記の教科書や参考書には出てこないので、簿記の試験では書かないようにお願いします。

> （消費税引当金繰入）30　　（消費税引当金）30

　この仕訳を追加することによって、税込経理方式と、税抜経理方式の利益が同額となります。

【経理処理のちがいによる、利益のちがい】

〈税込経理方式〉	〈税抜経理方式〉
利益（儲け） ＝売上高1,100－仕入高770 　－消費税引当金繰入30 ＝300	利益（儲け） ＝売上高1,000－仕入高700 ＝300

　いずれの方式を採用するにしても、利益（儲け）は、税抜きの本体価格で認識することで、経営活動に活かしてください。

4 消費税についての意識を変える③
納税資金は計画的に貯めておく

●少しずつ貯めておくことが大切

　消費税の支払いを「仕方ない」と思えない理由の２つめが、支払う時点になって「お金がない」という事情があることです。

【消費税を単なる預かり金と思えない理由　その２】

- 支払う段階で手元にお金がない

【納税時期にお金がない！】

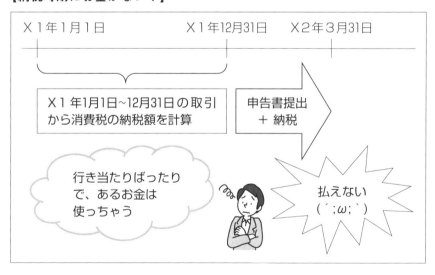

　消費税の納税時期は、銀行での納付の場合には翌年３月31日、口座振替の登録をしてある場合には翌年４月下旬となります。この時点で、消費税の納税額を支払わないといけません。

　後から来る消費税の納税額の負担が大きすぎるため、「税金を取られる」

138

「消費税を仕方ないなんて思えない」という印象を持たれるのです。
では、どうするかというと、考えられる対策は次のとおりです。

●納税時期にお金がない…を克服するために

　「消費税の納税額を、毎月定期的に貯蓄しておく」——この方法は誰
でも思いつきますが、消費税を「単なる預かり金」と思っている経営者
の多くが毎月貯蓄しています。貯蓄する方法は自由ですが、金融機関の
預金口座から毎月定額を自動的に振り替えていく定期積金などを利用す
るのがおススメです。この方法を使えば、半ば強制的に、消費税用の資
金を、運転資金用の口座とは別で貯蓄していくことができます。

【貯蓄しておけば安心】

　毎月貯蓄していくことをご理解いただいたうえで、次のような心の声
が聞こえてきます。

「よし、わかった。定期的に貯蓄するようにするよ」
「でも、いくら貯蓄しておけばいいの？
　預かった売上金の中から消費税分だけ毎月別口座に移していけば
　いいの？」

いくら貯蓄していけばいいのか、基本的には自由です。翌年3月になって困らない金額を貯蓄しておけばいいだけのことですので。私が実務で見てきた方法をいくつかご紹介しましょう。

【貯蓄しておく金額の算出方法①】

> 毎月の売上代金の回収時に預かる消費税分をそのまま、別口座に入金する方法

　この方法は、販売代金の受領時に預かる消費税分を、そのまま別口座に入金して貯蓄しておく方法です。預かった消費税をそのまま入金するので、仕入や諸経費に掛かった消費税については考慮しません。ですので、毎月の資金繰りにゆとりがある場合に採用することができる算出方法です。

【貯蓄しておく金額の算出方法②】

> 137ページにおいて消費税引当金に繰り入れた金額（預かった消費税－支払った消費税）を、別口座に入金する方法

　この方法は、預かった消費税と支払った消費税の差を計算したうえで、きっちり毎月貯蓄していく方法です。計算できないと採用することができないというのがデメリットとなります。メリットとしては、消費税分として預かっている実額を貯蓄していくので、実態に合った方法となります。

【貯蓄しておく金額の算出方法③】

> 消費税の申告を経験している場合に、前年に納めた消費税の年税額を12等分した金額を、毎月貯蓄しておく方法

　この方法は、消費税をすでに納税したことがある場合にしか採用できない方法ですが、余分な手間なく貯蓄しておきたい場合には、最低限この方法でもよいでしょう。この方法のデメリットは、前年の消費税の納

税額を基準としているので、前年と当年で業況が変わった場合には、大幅な積立不足が生じる可能性がある点です。この方法を採用する場合には、積立不足の恐れも考慮したうえで、実行しましょう。

【貯蓄しておく金額の算出方法④】

> この年分に採用する消費税の計算方式から、この年の推定売上金額を基準として試算した年税額を12等分して、毎月貯蓄しておく方法

　この方法が一番おススメです。実際の計算過程は次のとおりです。なお、この方法は原則課税の場合は採用することができません。「2割特例」か簡易課税の場合に採用します。

【算出方法④の場合の計算ステップ】

> 1. この年分に採用する消費税の計算方式（「2割特例」、簡易課税）を把握する
> 2. 年間の売上金額を推定する
> 3. 推定した売上金額の場合に採用する消費税の計算方式だと、年税額がいくらになるかを試算する
> 4. 試算した年税額を12等分して、毎月定期的に貯蓄していく

　この計算ステップの中で、この年の課税売上高を、仮に1,200万円だと推定します。

〈「2割特例」の場合〉

　課税売上高に係る消費税額は、

　　　1,200万円×10％＝120万円

となるので、96ページの計算式より、

　　　120万円×20％＝24万円

を年税額と推定します。そして、これを12等分した金額を毎月定期的に貯蓄していく方法です。簡単ですよね。

〈簡易課税の場合〉

　ここで、簡易課税によるみなし仕入率の表に再登場してもらいます。

【事業区分とみなし仕入率】

	事業の内容	事業区分	みなし仕入率
卸売業	購入した商品を性質、形状を変更しないで、他の事業者に販売する事業	第1種	90％
小売業	購入した商品を性質、形状を変更しないで、消費者に販売する事業。なお、製造小売業は第3種	第2種	80％
製造業等	農業、林業、漁業、鉱業、建設業、製造業、電気業、ガス業、熱供給業、水道業。なお、加工賃を受け取って役務を提供する事業は第4種	第3種	70％
その他の事業	第1種〜第3種、第5種、第6種のいずれにも該当しない事業。たとえば、飲食サービス業	第4種	60％
サービス業等	運輸・通信業、金融保険業、サービス業。なお、飲食サービス業は第4種	第5種	50％
不動産業	不動産業	第6種	40％

　第6章では、複数事業を営んでいる場合のみなし仕入率の計算方法について説明しましたが、ここではあらかじめ事前に貯蓄しておくのが目的なので、みなし仕入率を使ってざっくりと計算できれば十分です。

　また、たとえば、卸売業（第1種：みなし仕入率90％）と、サービス業（第5種：みなし仕入率50％）の2つの事業を行っている場合には、サービス業の部分については消費税の納税額が増えるので、できれば、第5種で試算した金額を貯蓄しておくと安全です。

　課税売上高に係る消費税額は、同じく、

　　　1,200万円×10％＝120万円

ですので、80ページの計算式より、

　　　120万円－120万円×50％＝60万円

を年税額として貯蓄していきます。もちろん、事業区分ごとに年間の売上を推定したうえで、個別に年税額を試算して足し合わせる方法でもかまいません。いずれにしても、翌年の納税時期に向かって、自分の納得した金額を定期的に貯蓄してくだされば、それで十分です。

消費税の節税ってできるの?
聞いたことないけど…

● 消費税の節税はむずかしい

　書店に行って、書名に "節税" という単語の付いた書籍を見ると気づくことがあります。それは、「消費税の節税に触れた本が少ないこと」です。結論を書きます。

　消費税を節税するのは、他の税目を節税するより、むずかしい

ということです。

　たとえば、「2割特例」によって消費税の申告をする場合、納税額は、課税売上高によってのみ決まります。つまり、課税売上高が500万円なら納税額はいくら、800万円なら納税額はいくらと、自動的に決まります。
　したがって、この納税額の節税を考えた場合に、納税額が減るのは、課税売上高を減らす方法ただ1つです。
　もちろん、課税売上高を減らすなんてことは不可能ですよね。故意に仮装・隠ぺいするなどということは、脱税になるので許されません。

　簡易課税についても、同じことがいえます。みなし仕入率は事業区分によって定まっており、「2割特例」と同様、課税売上高が決まれば、自動的に納税額が決まるしくみです。したがって、簡易課税においても、消費税の節税をすることはできません。

　唯一考えられるのが、「2割特例」でも簡易課税でもない、原則課税を採用した場合です。
　消費税の納税額の計算式は、

消費税の納税額＝課税売上高に係る消費税額－**仕入控除税額**

ですが、原則課税方式の場合には、差し引かれる仕入控除税額は、支払った課税仕入れに係る消費税となります。

仮に決算間際に、消費税の節税を図る目的で、本体価格100万円、別途消費税10万円、合計110万円経費を使ったとします。

これを使うことによって、節税できる消費税はいくらかというと、当然、ここで支払った消費税である10万円です。

110万円お財布から出て行って、節税できる消費税はたかだか10万円なので、10％以下の税負担率となりますよね。

「10万円でも消費税が少なくなって、よかった（笑）」

と考えるか、

「10万円しか消費税が少なくならないのなら、110万円は確保しておこう！」

と考えるか、あなたならどうしますか。

節税をしたいなら、消費税の計算方式である「2割特例」、簡易課税をいかに効果的に活用するかを考えたうえで、納税額の少なくなる計算方式を採用することで、節税を図るほうが良いと思います。

もちろん、簡易課税を選択する場合は届出書の提出をお忘れなく。

第 **9** 章

簡易課税の場合の
「消費税確定申告書」の書き方

Q 「簡易課税は僕が使うの？」

A 「『２割特例』が終わったら、簡易課税を使う人が多いはずだよ」

Q 「『２割特例』より簡単じゃないと、やらないぞっ」

A 「そんな無茶な…。『２割特例』ほどではないけど、それでも簡単な書き方だから読んでみて」

1 簡易課税を適用したときの 「消費税確定申告書」 の書き方

　本書の読者の多くは、消費税の確定申告をするときに「2割特例」の対象期間が過ぎたら、簡易課税を利用することでしょう。そこで、本書の最後に簡易課税を利用した場合の消費税確定申告書の書き方をまとめました。まず、必要となる書類は以下のとおりです。

【簡易課税の場合に使用する用紙の一覧】

- 付表4-3　税率別消費税額計算表　兼　地方消費税の課税標準となる消費税額計算表
- 付表5-3　控除対象仕入税額等の計算表
- 消費税申告書　第二表
- 消費税申告書　第一表

　これらの用紙は国税庁のホームページからダウンロードできるので、検索して入手してください。また、ダウンロードできない場合には、ご自身で作成する帳票で受け取ることができます。

　なお、149ページで説明する「簡易課税事業区分ごと売上表」は、ご自身で作成する帳票で税務署に提出はしません。また、用いなくても簡易課税の計算はできるので、なくてもかまわない用紙です。

　それ以外の4つの用紙は税務署に提出するので、準備してください。

【国税庁ホームページ （https://www.nta.go.jp/） での探し方】

　⇒申告手続
　⇒申告・申請・届出等、用紙（手続の案内・様式）
　⇒確定申告等情報
　⇒消費税・地方消費税

【消費税の確定申告に使う用紙の関係】

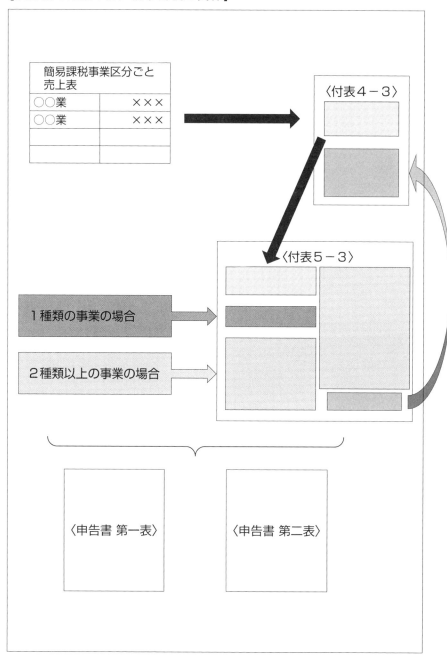

【簡易課税の場合の申告書の記載順序】

用紙名		手　　　　　順	参照ページ
付表４－３	①	「課税資産の譲渡等の対価の額」（①-1）に、課税売上高の税抜金額を記入	151ページ
	②	①の金額を千円未満切捨てをして「課税標準額」（①）に記入	
	③	課税標準額に消費税のうち国税部分に相当する税率を掛ける Ａ軽減税率であれば×6.24％ Ｂ標準税率であれば×7.8％	
	④	合計（Ｃ）を計算 上から３行まで埋めた状態で、付表５－３へ	
付表５－３	⑤	付表４－３から、「課税標準額に対する消費税額」（①）を転記したうえで、「控除対象仕入税額の計算の基礎となる消費税額」（④）に金額を転記	152ページ
	⑥	事業が１種類の場合には、「Ⅱ　１種類の事業の専業者の場合の控除対象仕入税額」に、みなし仕入率を直接掛ける	153ページ
	⑦	事業が２種類以上の場合には、「Ⅲ　２種類以上の事業を営む事業者の場合の控除対象仕入税額」の「⑴事業区分別の課税売上高（税抜き）の明細」を記載	154ページ
	⑧	事業区分別の売上割合を計算	155ページ
	⑨	⑴で記載した税抜きの課税売上高に Ａ軽減税率であれば×6.24％ Ｂ標準税率であれば×7.8％を掛ける	156ページ
	⑩	付表５－３の２枚目の「⑶控除対象仕入税額の計算式区分の明細」の「イ　原則計算を適用する場合」を記載	157ページ
	⑪	⑶「ロ　特例計算を適用する場合」を記載	159ページ
	⑫	⑶イの原則計算と、⑶ロの特例計算のうち金額の大きいほうを、一番下の⑶「ハ　上記の計算式区分から選択した控除対象仕入税額」に記載	161ページ
付表４－３	⑬	付表５－３の最後に求めた控除対象仕入税額を付表４－３に転記	162ページ
	⑭	合計Ｃの列を埋める	
	⑮	差引税額を計算	
	⑯	「地方消費税の課税標準となる消費税額」に転記	
	⑰	⑯の税額に×22/78の結果を、「譲渡割額」に記載	
申告書第二表	⑱	付表４－３、付表５－３の記載の結果を、第二表に転記	164ページ
申告書第一表	⑲	申告書第二表の結果を、申告書第一表に転記	166ページ

手順1　「簡易課税事業区分ごと売上表」を作成する

　まずは、課税売上高の事業区分ごとの金額を集計するための表（「簡易課税事業区分ごと売上表」といいます）を準備します。具体的には、簡易課税の事業区分ごとに、税込みの課税売上高を集計していきます。

　この表をつくって金額を事前に把握できていれば、簡易課税の申告書はできたも同然です。順番に必要な欄を埋めていきましょう。

【簡易課税事業区分ごと売上表】

簡易課税事業区分	事業の内容	軽減税率8%税込課税売上高	標準税率10%税込課税売上高	合計金額
第1種	卸売業			
第2種	小売業			
第3種	製造業等			
第4種	その他の事業			
第5種	サービス業等			
第6種	不動産業			
合計				

　たとえば、建設業（加工賃を対価とする役務提供事業*）とコンサルタント業を営む望月さんの簡易課税事業区分ごと売上表は次のようになります。

【建設業（加工賃を対価とする役務提供事業*）とコンサルタント業を営む望月さんの簡易課税事業区分ごと売上表】

簡易課税事業区分	事業の内容	軽減税率8%税込課税売上高	標準税率10%税込課税売上高	合計金額
第1種	卸売業			
第2種	小売業			
第3種	製造業等			
第4種	その他の事業←建設業（加工賃を対価）		8,049,965	8,049,965
第5種	サービス業等←コンサルタント報酬		1,540,000	1,540,000

第6種	不動産業			
	合計		9,589,965	9,589,965

＊建設業は一般的には第3種事業といわれますが、元請事業者から材料の無償支給を受ける場合は加工賃を対価とする役務提供事業に該当し、第4種事業となります。以後、この事例では第4種事業として説明します。

手順2　税抜きの課税資産の譲渡等の対価の額を計算する

　先ほどの簡易課税事業区分ごと売上表を税込金額で集計したので、ここから、課税標準額を算出するために、税抜金額に変換します。

● 軽減税率8％　税込課税売上高の合計金額×100/108
● 標準税率10％　税込課税売上高の合計金額×100/110

　なお、ここで用いるのは、簡易課税事業区分ごとの金額ではありません。表の一番下の合計金額を用います。

　望月さんの事例では、税抜きの課税資産の譲渡等の対価の額は、

標準税率10％：9,589,965円×100/110＝8,718,150円

と求められます。

建設業兼コンサルタント
望月さん

手順3　付表4-3の上のほうを記載する

【付表4-3】

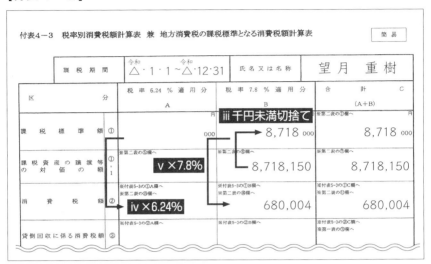

i　付表4-3を準備します。なお、この付表において、左側の「税率6.24％適用分」というのは、軽減税率8％を意味します。右側の「税率7.8％適用分」というのが、標準税率10％を意味します。

ii　手順2で求めた税抜きの課税資産の譲渡等の対価の額を、税率ごとに、上から2行目の「①-1」欄に記載します。

iii　「①-1」欄に記載した金額に対して、千円未満を切り捨てた金額を、1行目の①「課税標準額」欄に記載します。

iv　軽減税率8％のほうは、課税標準額×6.24％で計算した金額を、②「消費税額」に記載します（ここでは空欄のまま）。

v　標準税率10％のほうは、課税標準額×7.8％で計算した金額を、②「消費税額」に記載します。

vi　「合計C」の欄に、A＋Bを記載します。

手順4　付表4-3の結果を、付表5-3に転記する

【付表4-3】

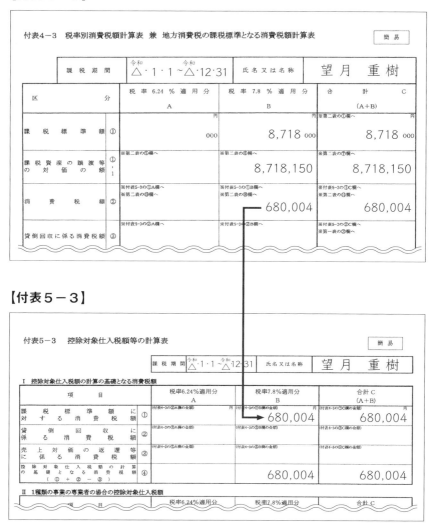

i　付表5-3を準備します。

ii　付表4-3で計算した②「消費税額」の金額を、付表5-3の①
「課税標準額に対する消費税額」欄に転記します。

iii 付表5－3の④「控除対象仕入税額の計算の基礎となる消費税額」
欄に、上記①＋②－③の結果を記載します。

**手順5　事業が1種類の場合には、④「控除対象仕入税額の計算の基礎
となる消費税額」にみなし仕入率を掛ける**

【付表5－3】

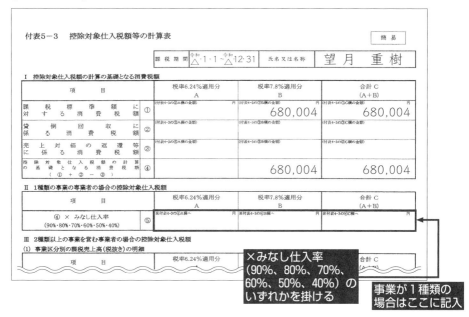

　簡易課税事業区分が1種類の場合には、みなし仕入率は90％、80％、
70％、60％、50％、40％の6段階のいずれかに決定されます。ですから、

控除対象仕入税額の計算の基礎となる消費税額×みなし仕入率

を計算して、計算した結果を⑤に記載すればOKです。

> 　事業が1種類の場合には、付表5－3はこれ以上記載する必要が
> ないので、手順11（162ページ）にジャンプしてください。

手順6　事業が2種類以上の場合には、「Ⅲ　2種類以上の事業を営む事業者の場合の控除対象仕入税額」の欄を記載する

【簡易課税事業区分ごと売上表】

簡易課税事業区分	事業の内容	軽減税率8%税込課税売上高	標準税率10%税込課税売上高	合計金額
第1種	卸売業			
第2種	小売業			
第3種	製造業等			
第4種	その他の事業		8,049,965	8,049,965
第5種	サービス業等		1,540,000	1,540,000
第6種	不動産業			
合計				

税抜き金額にする

i 事業区分ごとに×100/110

【付表5−3】

(90%・80%・70%・60%・50%・40%)

Ⅲ 2種類以上の事業を営む事業者の場合の控除対象仕入税額
(1) 事業区分別の課税売上高（税抜き）の明細

項　目		税率6.24%適用分 A	税率7.8%適用分 B	合計 C (A+B)	
事 業 区 分 別 の 合 計 額	⑥	円	8,718,150 ← 8,718,150	円	売上割合 %
第 一 種 事 業（ 卸 売 業 ）	⑦			※第一表事業区分①欄へ	%
第 二 種 事 業（ 小 売 業 等 ）	⑧				%
第 三 種 事 業（ 製 造 業 等 ）	⑨				%
第 四 種 事 業（ そ の 他 ）	⑩		7,318,150 → 7,318,150		83.9
第 五 種 事 業（ サ ー ビ ス 業 等 ）	⑪		1,400,000 → 1,400,000		16.0
第 六 種 事 業（ 不 動 産 業 ）	⑫				%

ⅱ 合計金額を記載

(2) (1)の事業区分別の課税売上高に係る消費税額の明細

ⅲ 売上割合を算出

i　事業が2種類以上の場合には、事業区分ごとの税込みの課税売上高に対して、軽減税率8%の場合は100/108、標準税率10%の場合は100/110をそれぞれ掛けた結果を1円単位で記載します。

　この事例は、標準税率のみの事例であり、第四種事業の税込課税売上

高は8,049,965円ですから、税抜きの課税売上高は、

$$8,049,965円 × 100/110 = 7,318,150円$$

と求められるので、この金額を付表5 - 3⑩「第四種事業」の欄に記載します。同様にして、第五種事業の税込売上高は1,540,000円で、税抜きの課税売上高は、

$$1,540,000円 × 100/110 = 1,400,000円$$

と求められるので、付表5 - 3⑪「第五種事業」の欄に記載します。

ⅱ　各事業区分で算出した税抜きの課税売上高を足し算して、結果を⑥「事業区分別の合計額」に記載します。これを、軽減税率8％の場合と、標準税率10％の場合の両方で行います。一番右の列の「合計C（A＋B）」に、これらの合計を記載します。

　ⅰで求めた2つの事業の税抜きの課税売上高を計算すると、

$$7,318,150円 + 1,400,000円 = 8,718,150円$$

と求められるので、これを⑥「事業区分別の合計額」の欄に記載します。

ⅲ　「合計C（A＋B）」の右列の「売上割合」を記載します。計算方法は、各事業区分の金額÷⑥事業区分別の合計額によって求めます。

　第四種事業の売上割合は、

$$7,318,150円 ÷ 8,718,150円 = 83.9％（小数点以下第2位を切捨て）$$

　第五種事業の売上割合は、

$$1,400,000円 ÷ 8,718,150円 = 16.0％（小数点以下第2位を切捨て）$$

という計算式で求められるので、これを一番右の「売上割合」の欄に記載します。

　ここで、この2つを足し算しても100％になりませんが、気にせずに進んでください。

手順7　Ⅲ⑴で求めた税抜きの課税売上高に税率を掛けて、Ⅲ⑵の「⑴の事業区分別の課税売上高に係る消費税額の明細」を記載する

【付表5-3】

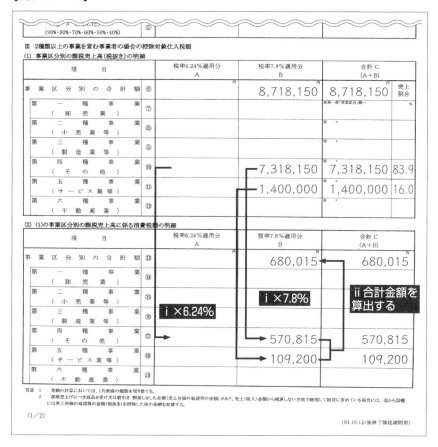

(1/2)

i 「⑴事業区分別の課税売上高（税抜き）の明細」に記載した金額に対して、軽減税率8％の場合は×6.24％、標準税率10％の場合は×7.8％で計算して記載します。

ii 事業区分別に記載した金額及び合計金額を⑬「事業区分別の合計額」に記載します。

手順8　付表5−3（2枚目、158ページ参照）の「⑶　控除対象仕入税額の計算式区分の明細」について、88ページのみなし仕入率（2種類以上の事業を営む場合）を適用した場合を記載する

　「イ　原則計算を適用する場合」というのは、88ページで説明したみなし仕入率（2種類以上の事業を営む場合）を適用するやり方です。この表だとわかりにくいので、2種類以上の事業を営む場合のみなし仕入率の計算式に再登場してもらいます。

【2種類以上の事業を営む場合のみなし仕入率の計算方法】

次の算式に、該当する課税売上高に係る消費税額を入力する

$$みなし仕入率 = \frac{\begin{array}{l}第1種事業に係る消費税額 \times 90\% \\ +第2種事業に係る消費税額 \times 80\% \\ +第3種事業に係る消費税額 \times 70\% \\ +第4種事業に係る消費税額 \times 60\% \\ +第5種事業に係る消費税額 \times 50\% \\ +第6種事業に係る消費税額 \times 40\%\end{array}}{\begin{array}{l}第1種事業に係る消費税額 \\ +第2種事業に係る消費税額 \\ +第3種事業に係る消費税額 \\ +第4種事業に係る消費税額 \\ +第5種事業に係る消費税額 \\ +第6種事業に係る消費税額\end{array}}$$

　この計算式に存在する事業区分の消費税額を入力します。上の事例によるみなし仕入率の計算過程は、

$$\frac{570,815円 \times 60\% + 109,200円 \times 50\%}{680,015円}$$

となります。

項　　　目		税率6.24%適用分 A	税率7.8%適用分 B	合計 C (A＋B)
（　不　動　産　業　）	⑫			

(2)　(1)の事業区分別の課税売上高に係る消費税額の明細

項　　　目		税率6.24%適用分 A	税率7.8%適用分 B	合計 C (A＋B)
事 業 区 分 別 の 合 計 額	⑬	円	680,015 円	680,015 円
第　　一　　種　　事　　業 （　卸　売　業　）	⑭			
第　　二　　種　　事　　業 （　小　売　業　等　）	⑮			
第　　三　　種　　事　　業 （　製　造　業　等　）	⑯			
第　　四　　種　　事　　業 （　そ　の　他　）	⑰		570,815	570,815
第　　五　　種　　事　　業 （　サ　ー　ビ　ス　業　等　）	⑱		109,200	109,200
第　　六　　種　　事　　業 （　不　動　産　業　）	⑲			

第四種だから×60％。第五種は50％を掛ける

注意　1　金額の計算においては、1円未満の端数を切り捨てる。
　　　2　課税売上げにつき返品を受け又は値引き・割戻しをした金額（売上対価の返還等の金額）があり、売上（収入）金額から減算しない方法で経理して経費に含めている場合には、⑬から⑲欄には売上対価の返還等の金額（税抜き）を控除した後の金額を記載する。

(1／2)

（R1.10.1以後終了課税期間用）

　これに④「控除対象仕入税額の計算の基礎となる消費税額」（680,004円）を掛けることにより、⑳の原則計算を適用する場合の税額が求められます。
　計算式としては、

$$680,004円 \times \frac{570,815円 \times 60\% + 109,200円 \times 50\%}{680,015円} = 397,082円$$

と求められます。
　この397,082円が、２種類以上の事業を営む場合に原則的な方法で計算したみなし仕入率を適用した場合の控除対象仕入税額です。

(3)　控除対象仕入税額の計算式区分の明細

イ　原則計算を適用する場合

控 除 対 象 仕 入 税 額 の 計 算 式 区 分		税率6.24%適用分 A	税率7.8%適用分 B	合計 C (A＋B)
④ × みなし仕入率 $\frac{⑭×90\%+⑮×80\%+⑯×70\%+⑰×60\%+⑱×50\%+⑲×40\%}{⑬}$	⑳	円	397,082 円	397,082 円

ロ　特例計算を適用する場合
(イ)　1種類の事業で75%以上

控 除 対 象 仕 入 税 額 の 計 算 式 区 分	税率6.24%適用分 A	税率7.8%適用分 B	合計 C (A＋B)

手順9 「⑶　控除対象仕入税額の計算式区分の明細」について、90ページの2種類以上の事業を営む場合のみなし仕入率の特例（通称「75%ルール」）を適用した場合を記載する

【付表5-3】

			税率6.24%適用分 A	税率7.8%適用分 B	合計 C (A+B)	売上割合
Ⅲ　2種類以上の事業を営む事業者の場合の控除対象仕入税額						
(1)　事業区分別の課税売上高（税抜き）の明細						
項　　　目				円	円	
事業区分別の合計額		⑥		8,718,150	8,718,150	売上割合 %
第一種事業 （卸売業）		⑦			前第一表「事業区分」欄へ	%
第二種事業 （小売業等）		⑧				%
第三種事業 （製造業等）		⑨				%
第四種事業 （その他）		⑩		7,318,150	7,318,150	83.9
第五種事業 （サービス業等）		⑪		1,400,000	1,400,000	16.0
第六種事業 （不動産業）		⑫				%
(2)　(1)の事業区分別の課税売上高に係る消費税額の明細						

75%以上の事業区分があるかをチェック

　先ほど、Ⅲの「⑴事業区分別の課税売上高（税抜き）の明細」を作成しているときに、一番右列に売上割合を計算しましたよね。その計算をここで利用します。90ページで説明した「75%ルール」に再登場してもらいましょう。

【2種類の事業を営む場合のみなし仕入率の特例（通称「75%ルール」）】

> 2種類の事業区分を営む場合、主な事業区分の課税売上高が、全体の75%以上である場合、その主な事業区分のみなし仕入率を適用することができる

　この事例では、第四種事業が75%を超えているので、第四種のみなし仕入率（60%）を使うことができます。

【付表５－３（２枚目）】

(3) 控除対象仕入税額の計算式区分の明細

イ 原則計算を適用する場合

控 除 対 象 仕 入 税 額 の 計 算 式 区 分		税率6.24%適用分 A	税率7.8%適用分 B	合計 C (A+B)
④ × みなし仕入率 (⑭×90%+⑮×80%+⑯×70%+⑰×60%+⑱×50%+⑲×40%) ÷ ⑬	⑳	円	円 397,082	円 397,082

ロ 特例計算を適用する場合

(イ) 1種類の事業で75%以上

④の金額にみなし仕入率60%を掛けた結果を記載

控 除 対 象 仕 入 税 額 の 計 算 式 区 分		税率6.24%適用分 A	税率7.8%適用分 B	合計 C (A+B)
(⑦C・⑧C・⑨C・⑩C・⑪C・⑫C) ÷ ⑥C ≧ 75% ④×みなし仕入率（90%・80%・70%・60%・50%・40%）	㉑		408,002	408,002

(ロ) 2種類の事業で75%以上

| 控 除 対 象 仕 入 税 額 の 計 算 式 区 分 | 税率6.24%適用分 | 税率7.8%適用分 | 合計 C |

④「控除対象仕入税額の計算の基礎となる消費税額」に、特例による
みなし仕入率（60％）を掛けた結果が、この㉑Ｂに入ります。

計算式としては、

　　680,004円×60％＝408,002円

　　　　　　　　　‖

　　　　　　　　２種類以上の事業を営む場合のみなし仕入率の特例（通
　　　　　　　　称「75％ルール」）を適用した場合の控除対象仕入税額

160

手順10 「⑶ 控除対象仕入税額の計算式区分の明細」について、２種類以上の事業を営む場合のみなし仕入率の原則と、特例（通称「75％ルール」）を比較して、多いほうを採用する

　２種類以上の事業を営む場合に原則的な方法で計算したみなし仕入率を適用した場合の397,082円と、みなし仕入率の特例（通称「75％ルール」）を適用した場合の408,002円を比較して、多いほうの408,002円を採用します。
　この金額を「ハ　上記の計算式区分から選択した控除対象仕入税額」に記載します。

【付表５−３（２枚目）】

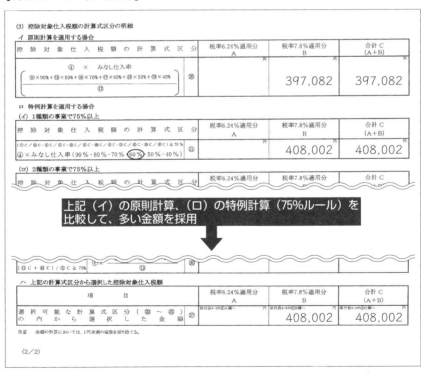

手順11　付表４－３を完成させる

　付表５－３で求めた結果を持って、最後に付表４－３を完成します。

i 　④「控除対象仕入税額」の欄に、付表５－３で求めた結果を記載します。

　　付表５－３で求めた結果は、特例計算（75％ルール）を使って計算した408,002円だったので、この金額を④「控除対象仕入税額」に記載します。

ii 　A軽減税率、B標準税率の結果を足し算して、一番右の合計Cの欄に記載します。

iii 　⑨差引税額を、②－⑦から求めます。

　　②－⑦＝680,004円－408,002円＝272,002円

と求められたので、百円未満切捨てをした金額（272,000円）を⑨「差引税額」に記載します。

iv 　⑨「差引税額」として求めた金額が、⑪「地方消費税の課税標準となる消費税額」に相当するので、そのまま転記します。

v 　⑪「地方消費税の課税標準となる消費税額」に22/78を掛けた結果を、地方消費税の金額として、⑬「譲渡割額」の欄に記載します。

　　272,000円×22/78＝76,717円

と求められたので、百円未満切捨てをした金額（76,700円）を⑬「譲渡割額」に記載します。

もう少しで完成です。

【付表4－3】

付表4-3　税率別消費税額計算表　兼　地方消費税の課税標準となる消費税額計算表

ii A＋Bを記載

課税期間	令和 △・1・1 ～ 令和 △・12・31	氏名又は名称	望月　重樹

区　　　分	税率 6.24 ％ 適用分 A	税率 7.8 ％ 適用分 B	合　　計　　C (A＋B)
課　税　標　準　額　①	円 000	円 8,718 000 ※第二表の①欄へ	円 8,718 000 ※第二表の⑦欄へ
課税資産の譲渡等 の対価の額 ①-1	※第二表の⑤欄へ	※第二表の⑥欄へ 8,718,150	※第二表の⑦欄へ 8,718,150
消　費　税　額　②	※付表5-3の①A欄へ ※第二表の⑮欄へ	※付表5-3の①B欄へ ※第二表の⑯欄へ 680,004	※付表5-3の①C欄へ ※第二表の⑪欄へ 680,004
貸倒回収に係る消費税額　③	※付表5-3の②A欄へ	※付表5-3の②B欄へ	※付表5-3の②C欄へ ※第一表の③欄へ
控 除 税 額	控除対象仕入税額　④	※付表5-3の⑤A欄又は②A欄の金額	(付表5-3の⑤B欄又は②B欄の金額) 408,002	(付表5-3の⑤C欄又は②C欄の金額) ※第一表の④欄へ 408,002
	返還等対価 に係る税額　⑤	※付表5-3の③A欄へ	※付表5-3の③B欄へ	※付表5-3の③C欄へ ※第二表の⑰欄へ
	貸倒れに係る税額　⑥			※第一表の⑥欄へ
	控除税額小計 (④＋⑤＋⑥)　⑦		408,002	※第一表の⑦欄へ 408,002
控除不足還付税額 (⑦－②－③)　⑧			※第一表の⑧欄へ
差　引　税　額 (②＋③－⑦)　⑨			※第一表の⑨欄へ 272,0 00
地方消費税の課税標準となる消費税額	控除不足還付税額 (⑧)　⑩			※第一表の⑰欄へ ※マイナス「－」を付して第二表の㉑及び㉓欄へ
	差　引　税　額 (⑨)　⑪			※第一表の⑱欄へ ※第二表の㉒及び㉓欄へ 272,0 00
譲渡割額	還　付　額　⑫			(⑩C欄×22/78) ※第一表の⑲欄へ
	納　税　額　⑬			(⑪C欄×22/78) ※第一表の⑳欄へ 76,7 00

i 付表5－3で求めた結果を記載

iii ②680,004 －⑦408,002＝272,002 （百円未満切捨て）

iv 転記

v ⑪「地方消費税の課税標準となる消費税額」に 22/78を掛けて計算（百円未満切捨て）

注意　金額の計算においては、1円未…

(R1.10.1以後終了課税期間用)

手順12　申告書の第二表に書き写す

　ここまでで、付表４－３、付表５－３が完成しました。あとは、申告書の第二表と第一表に書き写したら完成です。

　まず、下の付表４－３の色枠で囲んだ部分の金額を軽減税率８％と標準税率10％に区別しながら、第二表に転記していきましょう。

【付表４－３】

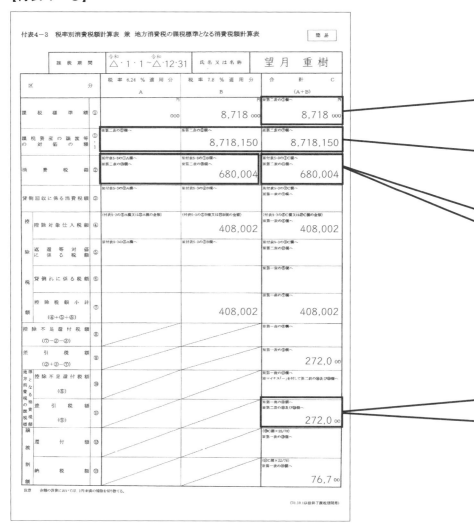

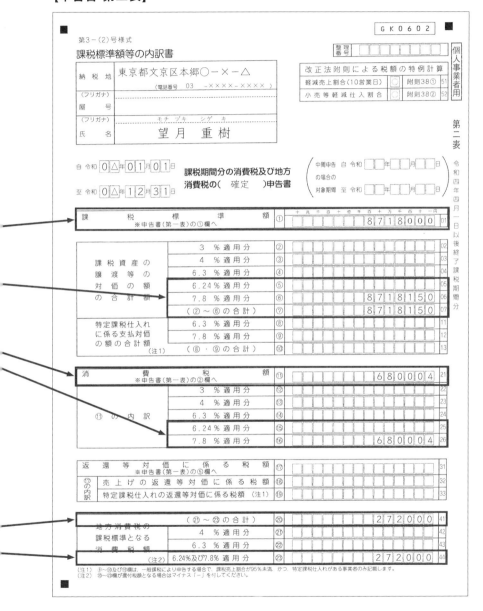

手順13　申告書の第一表に書き写す

最後は申告書の第一表です。

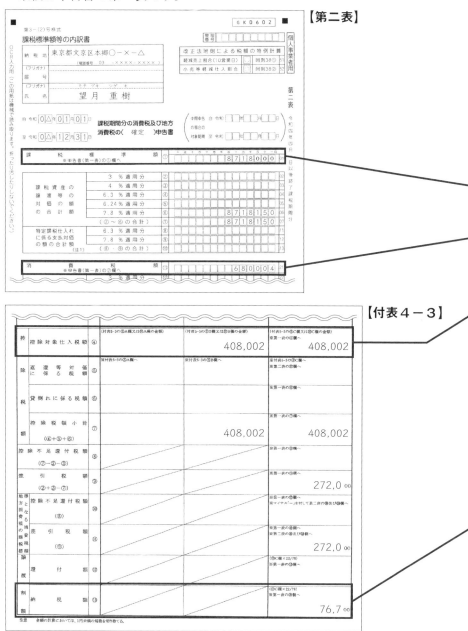

166

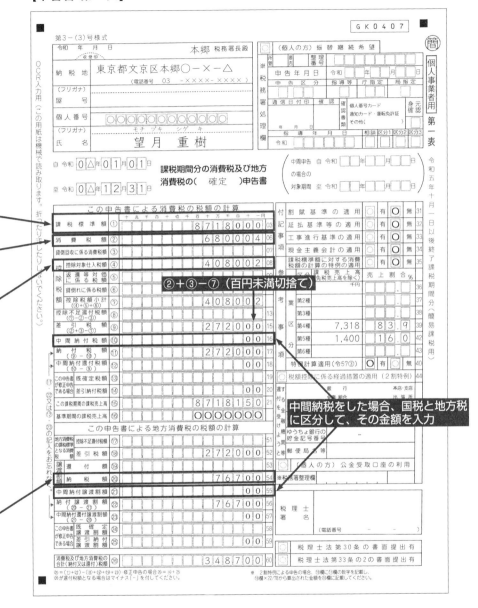

申告書の第一表に、第二表と付表4-3の結果を転記していけば完成です。注意点は2つあります。

①中間納税がある場合には、その金額を記載

中 間 納 付 税 額	⑩	中間申告分の消費税額を記載	16
中間納付譲渡割額	㉑	中間申告分の地方消費税額を記載	55

　64ページで説明した中間申告をした個人事業・フリーランスの場合には、8月31日に中間分の消費税の納付をしているはずです（中間申告1回の場合）。振替納税利用の場合には9月下旬に引き落としになっているでしょう。

　この分については、消費税の先払いですので、確定申告時にその分を差し引いて納めることになります。

　この欄に記載せずに申告書を提出して、さらに、その結果に基づく納付をすると、中間分を余分に納めてしまうことになるので、ご注意ください。

	区分	課 税 売 上 高 (免税売上高を除く)	売 上 割 合 %	
参 考 事 項	第1種	千円	．	36
	第2種		．	37
	第3種		．	38
	第4種	7,318	8 3 ． 9	39
	第5種	1,400	1 6 ． 0	42
	第6種		．	43

②　申告書第一表の「事業区分」のところも忘れずに記載

　申告書第一表右側にある、「参考事項」の中の「事業区分」のところも記載してください。ここは、簡易課税事業区分ごとに、税抜きの課税売上高と売上割合を記載します。税抜きの課税売上高は、千円未満の端数を四捨五入して、千円単位で記載します。

　売上割合については、付表5-3のⅢ「(1)事業区分別の課税売上高（税抜き）の明細」から転記してください。

以上で、簡易課税による消費税申告書の作成が完了しました。

【付表５－３】

(90%・80%・70%・60%・50%・40%)			

Ⅲ　2種類以上の事業を営む事業者の場合の控除対象仕入税額
(1) 事業区分別の課税売上高（税抜き）の明細

項　　目		税率6.24%適用分 A	税率7.8%適用分 B	合計 C (A＋B)	
事業区分別の合計額	⑥	円	8,718,150	8,718,150	売上割合
第一種事業 （卸売業）	⑦			付表第一表「事業区分」欄へ	％
第二種事業 （小売業等）	⑧			％	
第三種事業 （製造業等）	⑨			％	
第四種事業 （その他）	⑩		7,318,150	7,318,150	83.9
第五種事業 （サービス業等）	⑪		1,400,000	1,400,000	16.0
第六種事業 （不動産業）	⑫			％	

(2) (1)の事業区分別の課税売上高に係る消費税額の明細

項　　目	税率6.24%適用分 A	税率7.8%適用分 B	合計 C (A＋B)

簡易課税を使うときの留意点

簡易課税について、原則課税に比べて非常に容易で、作成もしやすいと、ここまでおススメしてきました。

ただし、唯一の欠点があります。それは、設備投資を行う場合です。

たとえば、美容師として美容院を開業したとします。最初は出費を抑えるため、居抜きの賃貸物件を借りました。簡易課税で消費税の申告をしてきましたが、お客様も徐々に増えてきたので、そろそろ美容院を購入したいと考えるようになりました。

美容院を購入する、あるいは、自分で美容院を建築すると、その設備投資に際して、当然消費税も多額に請求されます。建築に2,000万円、3,000万円を掛けたとすると、消費税として10％の200万円、300万円も支払います。いままで見てきた計算式より、

消費税の納税額＝課税売上高に係る消費税額－仕入控除税額

ですが、簡易課税で申告を行う場合には、

消費税の納税額＝課税売上高に係る消費税額
　　　　　　　　－課税売上高に係る消費税額×みなし仕入率

となります。計算式からわかるとおり、簡易課税の場合には課税仕入高の入る余地がありません。いくら200万円、300万円の消費税を払ったとしても、納税額が少なくなる、あるいは、マイナスになって、還付を受けられるなんてことはありません。

このようなときには、次のことを行ってください。

「消費税簡易課税制度選択不適用届出書」を、適用をやめようとする年の前年の年末までに、納税地の所轄税務署長まで提出する

設備投資を行おうとする前の年の年末までに、「簡易課税の選択をやめるよ」という届出を行うことで、簡易課税を使えなくすることができます。年が明けてしまったら、その年は簡易課税のままとなるので、期限に注意してください。

さくいん

望月重樹（もちづき　しげき）

税理士法人羅針盤代表社員。1970年生まれ。静岡県立静岡高校卒業、大阪大学大学院基礎工学研究科博士前期課程修了。大和銀行を経て2002年税理士試験合格。税理士、社会保険労務士でありながら、ファイナンシャルプランナー（AFP）、MAS監査プランナーの資格をもち、起業家のスタートアップや個人事業主の経営・労務管理、法人の税務会計・経営相談・経営計画立案をトータルでサポートしている。著書に『わかりやすい減価償却の実務処理と節税ポイント』『わかりやすい役員給与の実務処理と節税ポイント』『最新版 開業から1年目までの個人事業・フリーランスの始め方と手続き・税金』（以上、日本実業出版社）がある。

税理士法人羅針盤　https://www.m-mao.jp

インボイスの基本から「2割特例」の要件、申告まで

これならわかる！　個人事業・フリーランスの消費税

2023年9月20日　初版発行

著　者　望月重樹　©S.Mochizuki 2023
発行者　杉本淳一

発行所　株式会社日本実業出版社　東京都新宿区市谷本村町3-29 〒162-0845
　　　　編集部 ☎03-3268-5651
　　　　営業部 ☎03-3268-5161　振 替　00170-1-25349
　　　　　　　　　　　　　　　　https://www.njg.co.jp/

印 刷・製 本／図書印刷

ISBN 978-4-534-06039-6　Printed in JAPAN